Maman, mon héros

Sokha You Herodier

Maman, mon héros

ISBN : 979-10-377-7872-7

Papa et maman

Préface
L'horreur en fond, l'amour en personne

En arrière-plan du récit qui suit, il y a, nonobstant la sobriété et la pudeur de l'auteure, une horreur génocidaire qui hante chacune de ses pages. Les esprits tapis en nous le jour ressurgissent en démons la nuit, et le temps et l'oubli ne parviennent pas à l'effacer.

Cette terreur vive qui entaille encore le Cambodge et tous les Cambodgiens est difficile à appréhender, même à travers les meilleurs livres d'histoire, par ceux qui ne connaissent pas ce pays et son peuple.

La déréliction sauvage qui s'est abattue sur eux est difficile à représenter à travers le filtre et la distance qu'impose la seule description comptable des morts, des survivants et des exilés, délivrée par tant d'ouvrages sur le sujet.

Même de qualité, les travaux historiques tendent à déréaliser l'atrocité personnelle et familiale vécue par les victimes de ce qui fut un des plus abominables génocides de l'histoire ; celui qui fut perpétré de 1975 à 1979 par le régime fou et sanguinaire des Khmers rouges qui extermina plus de deux millions de Cambodgiens.

Oui, ce qui s'est produit dans ce pays est bien plus qu'un énième massacre de masse qu'on pourrait classer aux côtés d'autres suivant une sinistre hiérarchie exprimée en volumes et en chiffres. Cette lecture sommaire de l'histoire, outre qu'elle écrase l'intensité réelle de millions de tragédies individuelles, a également pour effet de masquer deux terribles réalités du drame cambodgien.

Le fait d'abord que le génocide, perpétré par Pol Pot et ses trop nombreux complices, fut – contrairement à la plupart des génocides dans ce monde – celui d'un pouvoir démentiel à l'encontre de son propre peuple. Le plus systématique et le plus intense sans doute de notre histoire.

Le fait aussi que ses responsables, dans leur quasi-totalité, ne seront jamais jugés pour leurs actes. Pire, nombre d'entre eux occupent encore aujourd'hui les postes les plus élevés du régime autoritaire qui sévit actuellement à Phnom Penh ! L'impunité règne. Malgré la chute du régime des Khmers rouges, malgré le processus de paix et de démocratisation engagé en 1991 par les Accords de Paris que Hun Sen, ancien Khmer rouge et Premier ministre du pays depuis 1985, a désormais définitivement enterré. Sans justice, comment réconcilier le pays avec son peuple ? Comment permettre aux survivants et à leurs descendants de faire un deuil des proches perdus, d'apaiser un peu les fantômes qui les hantent ?

Rappelons ici un fait que beaucoup ignorent. Ce génocide a bien peu de chance d'être un jour jugé par un tribunal indépendant, car la convention internationale de 1948 qui sanctionne les crimes de génocide a été amputée à l'époque, à la demande de l'URSS qui craignait d'être poursuivie pour le massacre de masse des Koulaks, des actes d'extermination commis par un pouvoir contre son propre peuple.

Que reste-t-il alors aux survivants et à leurs proches qui, avec le temps qui passe, commencent un à un à disparaître ?

Le témoignage, bien sûr. Encore faut-il parvenir à mettre des mots sur l'horreur indicible qu'on a vécue. Comme l'a si bien dit l'écrivain Primo Levi, un des premiers survivants de la Shoah qui parvint à écrire sur ce qu'il lui était advenu, c'est l'exercice personnel le plus difficile et le plus terrible qui se pose à un homme qui a échappé à l'enfer. Témoigner c'est revivre une seconde fois la terreur que l'on a vécue et surtout à laquelle on a eu la « chance » de survivre. Car on l'oublie souvent, celui qui survit nourrit toute sa vie une paradoxale culpabilité d'avoir survécu.

Les survivants cambodgiens du génocide ont presque tous connu l'exil. Une souffrance sur la souffrance. Le plus souvent pour sauver ses enfants bien plus que pour se sauver soi-même… À ceux qui croient que l'exil est un salut, il faut d'abord dire que c'est une violence supplémentaire qu'on s'inflige ; qu'on se sent toujours coupable de fuite à l'endroit des vivants et des morts qu'on a laissés au pays. Face à la dévastation, et à défaut de pouvoir véritablement se reconstruire soi-même, il faut construire pour les siens, les protéger pour leur offrir une vie meilleure.

C'est précisément là où le livre de Sokha You est bien davantage qu'un témoignage. C'est une déclaration d'amour et de reconnaissance à sa mère ; une mère qui a tenu la barre d'un frêle esquif à travers toutes les tempêtes traversées : celle du génocide lui-même, celle de la mort d'un mari, celle du dénuement et de l'exil forcé, celle de la pauvreté quotidienne dans un pays si lointain, celle encore des traumatismes qui ne s'effacent pas et des nuits sans repos.

C'est également le superbe et douloureux témoignage d'une enfant à cheval… à cheval entre la France et le Cambodge, un passé indélébile et un présent obligé, les joies et les souffrances, entre l'amour et la distance. Une vie quotidienne d'enfant parmi d'autres enfants et des professeurs qui ne comprennent pas et auxquels on n'est pas en mesure d'expliquer. D'expliquer la douleur cachée d'une mère, l'absence d'un père et aussi ses propres détresses tant on peut avoir honte de celles-ci au regard de tout ce qu'une telle mère – une mère héroïque – a mis en œuvre chaque jour pour nous protéger des démons du passé et des menaces du présent.

Le récit de Sokha You est à la fois beau et terrifiant, il porte l'amour contre la mort. Il est simple et complexe, cru et sensible, emmené par une écriture élégante qui sait à chaque page s'effacer au profit de la vérité. Ce récit me saisit. Sans doute parce que je suis proche de la communauté cambodgienne en France et de ses combats. Sûrement aussi parce que ma vie familiale est traversée par le vécu d'épreuves si similaires dans un pays voisin du Cambodge…

Engagé personnellement dans la défense des droits humains en Asie et le travail de mémoire que nous devons à l'égard des peuples qui ont été à nos côtés dans la lutte pour notre propre liberté, je fais le vœu que beaucoup de mes concitoyens se plongent dans la lecture de ce livre. Pour savoir et commencer à comprendre. Comprendre que certaines de nos litanies nationales sont parfois quelque peu obscènes au regard d'autres réalités bien plus terribles vécues à côté de nous, mais ignorées par confort.

Je suis terriblement ému par cet amour déclaré par Sokha You pour sa mère et aussi pour la France, un pays à mon goût trop indifférent à l'endroit de ces Cambodgiens qui l'aiment et lui pardonnent avec tant de générosité.

André Gattolin

Maman, mon héros
Biographie d'une lutte pour la vie
Mémoire d'une famille d'exilés
Décembre 2011

On dit que les choses n'arrivent pas par hasard, cela faisait un moment que je souhaitais sauvegarder la mémoire et les témoignages de ma maman sur les événements marquants de notre vie, notamment la prise de pouvoir par les Khmers rouges, la vie sous le régime de Pol Pot, notre fuite vers la Thaïlande, notre arrivée en France, terre d'accueil, et notre vie dans notre pays de cœur.

Jeune, maman nous racontait souvent notre histoire, comment elle, mon père, toute sa famille et nous avons subi le régime des Khmers rouges et comment elle avait réussi à nous sauver la vie, et surtout comment nous sommes arrivés en France.

Elle en parlait pour nous tenir informés, mais en même temps comme si elle cherchait à exorciser ces événements qui la traumatisent et qui la hantent encore toutes les nuits.

Il y avait des jours où elle ressassait sans s'arrêter, et d'autres où elle ne souhaitait ou n'arrivait pas à en parler, mais lorsqu'elle en parlait, c'était comme si elle nous racontait une histoire.

Nous l'écoutions avec beaucoup d'attention, mais en même temps, avec beaucoup de distance, comme si nous ne faisions pas partie de cette histoire.

À l'époque, nous avions besoin de trouver notre place, de nous acclimater et de nous adapter aux us et coutumes de notre pays d'accueil, la France, la ville de Limoges plus précisément.

Nous avions besoin de passer inaperçus, de grandir et surtout le plus normalement possible.

Quelque part, je pense que nous avions essayé d'oublier, d'oublier que nous avions tout perdu pendant ce génocide.

Nous avions perdu notre père, notre famille, notre maison, notre pays, nos photos, notre identité, nos souvenirs, nos racines.

Nous vivions avec la volonté de construire une nouvelle vie, un avenir avec ce passé que nous tentions d'enfouir, mais en même temps qui nous a fait grandir plus vite, trop vite peut-être.

Toutes les nuits, dès que maman dormait profondément, c'était comme si elle retournait au Cambodge, où elle revivait, se remémorait toutes les horreurs qu'elle avait subies, entendues et vues. Nous l'entendions hurler.

Dans ces cauchemars, elle semblait vivre l'enfer.

Dans sa voix, on entendait de la peine, de la douleur, de l'horreur, de la peur.

Elle criait, implorait la pitié, de l'aide, qui semblait ne jamais venir.

Dans ces moments-là, nous étions tétanisés, inutiles, nous ne savions quoi faire et attendions que cela se passe.

Nous avons vécu et grandi avec sa souffrance, impuissants.

Nous essayions d'avoir une vie la plus normale possible, en tentant d'oublier nos douleurs, nos manques, notre passé et nos origines, et surtout l'absence de notre père.

Ce n'était pas facile tous les jours, car maman, forcément, était très possessive et protectrice.

Elle avait tellement peur de nous perdre qu'elle refusait toutes les sorties et tous les voyages scolaires proposés, ou toutes autres sorties avec nos amis avec ou sans leurs parents.

Nous n'avions le droit de la quitter uniquement que pour étudier.

Par ailleurs, nous étions des élèves exemplaires, nos professeurs nous adoraient. Comme ils croyaient que c'était par manque de moyens financiers que maman refusait systématiquement les sorties, ils proposaient de payer pour nous, mais essuyaient toujours un refus.

En fait, à l'époque, maman n'avait pas bien compris ce que les enseignants proposaient.

Ce que maman ne connaissait, ou ne maîtrisait pas, l'effrayait, et surtout elle n'acceptait que nous allions à l'école que pour notre éducation et notre culture.

L'école représentait pour elle la chance de nous en sortir, notre laissez-passer pour un travail, une meilleure vie, un avenir, mais pour tout le reste, elle craignait qu'il nous arrive malheur. Alors, elle refusait toute activité qui nous éloignait d'elle, et ce fut comme cela jusqu'à ce que nous soyons adultes et financièrement autonomes et que nous quittions le foyer maternel.

Jeune, je cherchais à oublier mon passé, mes origines, j'en avais honte. J'avais honte de ne rien avoir, d'être pauvre, de ne jamais avoir de cadeau pour mon anniversaire, le père Noël qui ne nous apportait jamais rien.

À la question « qu'est-ce qu'il t'a apporté, le père Noël ? As-tu été sage ? Sinon le père Noël ne t'apportera pas de cadeaux », j'avais beau avoir été sage, bien travaillé à l'école, le père Noël ne m'apportait pas de cadeaux. J'étais très souvent déçue, je ne comprenais pas pourquoi nous n'en avions jamais. Je me disais que peut-être le père Noël ne reconnaissait que les enfants nés en France, jusqu'au jour où je compris que le père Noël n'existait pas !

J'étais déçue de ne jamais fêter mon anniversaire, de ne jamais partir en vacances, de n'avoir jamais rien à raconter à la rentrée scolaire quand la maîtresse demandait le récit des faits marquants de nos congés.

J'avais honte de ce pays qui a éliminé une grande partie de ma famille paternelle, qui n'a pas su nous protéger, nous offrir une vie, honte à ce pays qui a tué le tiers de sa population.

Je maudissais notre passé…

Mais j'étais fière de maman, de mon frère aîné, Tharo, de mon second, Thareth, de mon troisième, Youthy, et de ma petite sœur, Sokcheat. Nous nous chamaillions beaucoup, surtout avec Youthy et Sokcheat, mais nous nous aimions, nous étions très proches et très solidaires les uns les autres. Puis la vie s'écoule, nous grandissons, devenons des adultes et ensuite des parents.

Parents, nous nous rendons compte des difficultés et des responsabilités que maman avait dû porter toute seule.

Son histoire est la nôtre, nous l'avions subie autant qu'elle, nous avions aussi tout perdu, comme elle.

Ce pays, dont j'avais honte, est mon pays de naissance, mes origines.

Je ressentais le besoin d'entendre son histoire, notre histoire à maman, Tharo, Thareth, Youthy, Sokha (moi) et Sokcheat.

Pourquoi ? Eh bien, sûrement parce que maintenant je suis prête à l'écouter, à l'entendre et à la comprendre.

Aussi, pour mieux me comprendre, me connaître, nous comprendre, nous connaître, accepter, grandir, vieillir, et surtout transmettre notre vécu à nos enfants, à nos descendants, informer nos amis, nos voisins, témoigner de ces horreurs pour que ce qui s'est passé ne soit jamais oublié.

Je commençais à en parler à maman, je lui disais que je souhaitais recueillir son témoignage, son histoire, notre histoire. Elle était ravie de l'idée, et surtout que, enfin, je sois intéressée à retranscrire sa mémoire.

Il n'est pas facile de trouver du temps lorsqu'on travaille, encore moins quand on est femme isolée, élevant seule un enfant âgé de sept ans.

Lorsque maman ressentait le besoin et l'envie de parler, moi, je n'étais pas prête.

Souvent, elle parlait lorsque nous étions toutes les deux et que nous partions nous promener en voiture.

Elle parlait, et moi je conduisais, donc impossible de l'enregistrer, de lui prêter toute mon attention, et quand je m'organisais pour avoir du temps, et pour l'enregistrer, elle ne se sentait pas d'humeur à « ressasser cette histoire ».

Et un jour, je me suis fait piéger par un employeur à Limoges, et me suis retrouvée au chômage.

À ce moment précis, maman et moi avions compris que le moment était plus que jamais opportun.

Nous devions absolument prendre le temps ensemble pour recueillir son témoignage.

À cette époque, maman s'insurgeait de plus en plus contre le gouvernement en place au Cambodge. Elle était révoltée de voir leurs dirigeants s'enrichir sur le dos de leurs citoyens, voler les Cambodgiens à leur propre profit et celui de leur famille, de leurs amis.

Elle ressentait le besoin de témoigner, d'alarmer, de dénoncer les abus de cet ancien Khmer rouge, Hun Sen, qui est à la tête du pays encore aujourd'hui.

Du coup, elle se sentait motivée, et nous avions réussi à faire coïncider nos envies et emplois du temps.

Nous avons savouré ces quelques jours d'intimité où j'ai pu l'écouter, l'entendre, la comprendre et l'enregistrer.

Quant à maman, cela a été très dur pour elle de parler de tout cela en détail, nous avons passé quelques moments à pleurer ensemble.

Devant les douleurs qu'elle avait dû ressentir à parler à cœur ouvert de son passé, de notre passé, les détails des horreurs.

Je me sentais coupable de l'avoir obligée à revivre chaque événement, chaque peur, chaque détresse, chaque souffrance avec autant de précision.

Je pleurais avec elle, je pleurais toute seule, mais je crois que cela lui a fait du bien d'avoir pu « vider son sac », d'avoir pu me raconter notre histoire dans sa totalité.

Et quant à moi, même si c'était très triste, très difficile à entendre, je suis heureuse d'avoir pu recueillir son témoignage et, aujourd'hui, de le retranscrire.

Je n'ai pas pu le faire tout de suite, car comme je disais précédemment, je vivais seule avec mon garçon de sept ans, je venais de perdre mon emploi, écouter notre histoire, essayer d'écrire, pleurer à longueur de journée et toute la nuit, j'avais vraiment du mal à le supporter moralement.

En cette période-là, je n'avais pas la force psychique pour continuer à écrire.

Et puis, en mars 2020, il y eut le premier confinement, dû à la Covid-19, qui m'a donné deux mois et demi de temps, et ensuite mon accident de ski, le 1er janvier 2022, qui m'a donné trois semaines supplémentaires.

Ce fut un véritable cadeau du ciel pour moi, j'en ai profité pour finaliser le livre sur la vie héroïque de ma maman.

De plus, au quotidien, j'entends souvent les remarques de type « la France, pays de merde, pays de discrimination, pays d'injustices, pays de cités où les gens sont pauvres, malheureux, pays d'inégalité sociale, pays dans lequel il n'y a pas de respect pour les minorités… ».

J'aimerais vous crier : « Mais bon sang, ouvrez les yeux, arrêtez de vous plaindre la "bouche pleine", ouvrez vos yeux et regardez ce qui se passe dans d'autres pays, et voyez tout ce que ce pays qui est la France fait pour vous… Le méritez-vous seulement ? »

C'est aussi pour cette raison que j'avais envie d'écrire, de témoigner, de montrer la chance que nous avons de vivre, d'évoluer, de grandir dans ce pays qui est loin d'être parfait, mais qui néanmoins donne la même chance à tout le monde, sans discrimination, encore faut-il se donner les moyens de travailler et de saisir des opportunités.

Il est évident que quand je parle de se plaindre la bouche pleine, je ne parle pas des personnes qui sont vraiment en difficulté, que nous pourrions aider davantage si les gens n'abusaient pas du système généreux mis en place dans notre pays.

Il est évident qu'il y a des inégalités sociales, des gens plus riches, d'autres plus pauvres, mais parmi les gens riches, il y avait des gens pauvres qui ont su travailler, saisir des opportunités, trouver le bon filon pour réussir. Ceux-là, on ne peut que les admirer, et les autres qui sont riches parce que leurs parents étaient riches, eh bien, c'est une chance pour eux.

Avec ma famille, nous sommes arrivés en France en janvier 1983. Nous avons eu beaucoup de chance, car nous avions bénéficié de l'aide française qui accueille les réfugiés politiques khmers.
Avec cette aide, et le suivi des équipes d'accueil des foyers Gatrem Magré, nous avions pu avoir une vie comme chaque citoyen. Avec moins de moyens que d'autres familles françaises, certes, avec le handicap de la langue, avec des manques, des lacunes, des souffrances d'être déracinés, d'être sans famille, pas de grands-parents, pas de tontons, pas de tatas, et surtout pas de papa.

Cela s'est passé dans notre pays. Je ne sais pas si la question peut être posée ainsi…

C'est la faute des Américains, du roi Sihanouk, du régime Pol Pot, des hommes politiques, des gens assoiffés de pouvoir, des idéologues… Soit, le résultat est le même pour nous.

Mais dans notre malheur, nous avons de la chance, nous allons pouvoir grandir en paix, aller à l'école, apprendre, et peut-être avoir un métier, un AVENIR.

Bien sûr que cela serait plus difficile que pour certains, mais nous savions qu'il s'agissait d'une seconde chance. Maman nous disait : « Je ne peux pas vous aider, je ne sais pas vous conseiller, vous orienter, car je ne connais ni ne maîtrise rien dans ce pays d'accueil. Votre seule chance est de bien travailler à l'école, de trouver un métier et de devenir QUELQU'UN ».

Et c'est exactement ce que nous avons tous fait.

Le 16 octobre 2012, je me retrouvais sans emploi. Licenciée pour ne pas avoir écouté correctement mon chef…

La situation peut paraître angoissante… Je suis divorcée, j'élève seule mon garçon de huit ans, j'ai un emprunt en cours, j'ai des frais de gaz, d'électricité, des courses, etc.

Ma situation peut sembler dramatique, en même temps, tout à fait banale comparée à tant d'autres femmes de notre société dans ce contexte de crise économique qui semble vouloir s'installer dans le temps, comme pour marquer l'histoire elle aussi.

Et pourtant, en regardant un peu en arrière, ma situation n'est pas tout à fait semblable à celle de toutes les autres femmes. Je m'aperçois que j'ai un modèle, que ma vie je la dois à une femme, dont le destin quelque peu tragique lui a fait vivre une vie hors du commun.

Quand je la regarde aujourd'hui, elle est une femme de soixante-seize ans, toute frêle, ne maîtrisant pas le français correctement, tellement pareille à beaucoup de femmes, mais à l'intérieur c'est une femme extraordinaire qui a survécu à des épreuves aussi difficiles qu'inimaginables, elle est d'un courage exemplaire.

Elle a sauvé notre vie à tous les cinq. Elle ne s'est pas contentée de nous sauver, elle nous a donné une VIE, un avenir, une famille unie.

Cette femme, c'est ma mère, VANNA YOU.

Effectivement, au vu de ce qu'elle a vécu, subi pour nous donner une vie, je me dois de respecter et de chérir cette précieuse vie.

Je ne dois jamais baisser les bras pour elle et pour mon fils.

C'est pour partager ces épreuves, témoigner sur les horreurs de cette guerre sans nom, vous dire qui elle est, et surtout transmettre aux générations futures que j'ai récolté les témoignages de la vie de ma mère et que je les retranscris dans ces quelques lignes.

Je rencontre mon époux

Jeune fille, à l'âge de 16 ans, ma mère m'inscrit à une école de couture, École CHOUTON à Phnom Penh. C'est assez exceptionnel que ma mère accepte de m'envoyer à cette école de couture. C'est parce que j'ai beaucoup insisté.

Dans mon village, Phoum Tror Lach, district de Traing, aujourd'hui Borey Cholsa, province de Takeo, nommé Vat Talatch, on a construit une école, mais il manque un instituteur.

Les villageois ont fait la demande auprès du gouvernement, et ont fini par en trouver un qui devrait arriver sous peu.

L'école de couture coûte à mes parents 1500 riels par an. Mes parents sont assez aisés dans le village, ils sont des agriculteurs qui n'ont jamais été à l'école.

Ils sont autodidactes et ont gravi les échelons de la société par la seule force de leur travail.

Ils ont une image assez naïve de l'éducation. Ils ne sont pas cultivés, « ce qui est un comble pour des agriculteurs ! »

Pour eux, donner une éducation aux garçons est essentiel et prioritaire, car ils sont l'avenir de la famille.

Les hommes adultes doivent subvenir aux besoins de leur femme, leurs enfants, mais également leurs parents et grands-parents, enfin, toute la famille.

Par contre, pour les filles, ce n'est pas utile. Si elles savent lire et écrire, cela risque de les dévergonder, elles pourraient correspondre avec les garçons. C'était le regard que la société porte sur l'éducation des filles à cette époque.

Comme mes trois aînées étaient des filles, mes parents avaient décidé d'envoyer seulement ma troisième grande sœur à l'école en plus des garçons qui, eux, étaient plus jeunes que moi.

Les autres filles s'occuperaient des tâches ménagères et du travail des champs.

J'avais beau les supplier d'aller à l'école, ils n'avaient jamais cédé à ma requête. Seuls les deux garçons et une de mes grandes sœurs (la préférée des parents) y avaient droit.

Je n'avais jamais pu faire quelque chose dont j'avais envie et qui m'aurait fait plaisir. Toujours attachée à remplir les tâches ménagères qui m'incombent à la maison.

Même quand il fallait aller se promener lors d'une fête, je devais toujours avoir un chaperon : ma tante, une amie de ma mère, bref, jamais seule, à part pour la fête du Nouvel An qui était la seule occasion où mes parents nous autorisaient à rejoindre les autres jeunes sans surveillance.

De toute ma vie, je n'ai jamais été pleinement épanouie. J'avais tellement envie d'aller à l'école, tellement envie de recevoir de l'éducation, des connaissances, de la culture. Cette soif n'avait jamais été assouvie.

Puisque mes parents m'interdisaient d'aller à l'école, j'y allais quand même, en cachette…

Pour que ma sœur m'emmène avec elle à l'école sans le dire à mes parents, j'étais d'accord pour faire tout ce qu'elle me demandait.

Par ailleurs, ma sœur en profitait vraiment pour me faire faire toutes les tâches qu'elle ne voulait pas faire. Elle abusait souvent, mais je voulais tellement aller à l'école que j'acceptais tout.

Un jour, j'avais trouvé un moyen de pression sur ma sœur, pas très convenable, mais c'était surtout la chance, pour moi, d'accéder à l'apprentissage des connaissances.

À l'époque, ma sœur avait un tic dont elle ne pouvait se passer. Avant d'aller au lit, elle roulait une boule de riz, qu'elle coinçait entre ses dents. Ne me demandez pas pourquoi elle faisait cela, je n'ai pas de réponse, et elle encore moins. Mais c'est comme ça, elle ne pouvait pas s'en empêcher, c'était plus fort qu'elle, et elle ne voulait pas que les parents l'apprennent.

Je l'avais observée à plusieurs reprises et j'avais trouvé la faille pour qu'elle accepte de m'amener à l'école avec elle sans rien dire aux parents. C'était notre secret !

Depuis, je m'étais toujours juré que lorsque j'aurai des enfants, je ne leur ferais pas subir la même chose.

Je leur montrerai le chemin de l'éducation, des savoirs, des connaissances, de la culture. Ils ne devront pas être aussi naïfs et incultes que moi et mes parents.

Ce n'était pas que mes parents ne m'aimaient pas, bien au contraire, je n'avais jamais manqué de rien, mais je n'aimais pas mon éducation de femme au foyer, d'agricultrice.

J'étais chétive comparée à mes autres sœurs, je travaillais trois fois moins vite et je soulevais beaucoup moins de poids…

Je n'étais vraiment pas faite pour cette vie. Moi, je rêvais de grandes études, des métiers plus intéressants, de pouvoir m'exprimer pleinement, de pouvoir exprimer ce que je pense. Mais avec mes parents, je devais tout refouler, dissimuler au plus profond de moi tout ce que j'étais vraiment.

C'était cela qui m'avait rendue malheureuse, frustrée et insatisfaite de ma situation.

Au fond de moi, je savais que je ne pourrais jamais vivre en tant qu'agricultrice.

C'est la raison pour laquelle je continuais à aller à l'école en cachette, malgré toutes les remontrances et toutes les punitions que je pouvais recevoir.

Un jour, mes parents avaient besoin de faire un courrier de haute importance au maire du village.

Ils avaient donc sollicité ma sœur qui était la seule personne habilitée à le faire.

Ma sœur était paniquée, car effectivement, elle allait à l'école, elle était instruite et devait savoir lire et écrire, mais ce qu'elle n'avait jamais osé avouer à mes parents c'est qu'elle n'y arrivait pas.

Cela ne rentrait pas, elle n'arrivait pas à lire ni à écrire. Elle n'était pas faite pour cela.

Elle ne savait pas comment faire, car elle ne se sentait pas capable d'écrire ce courrier.

Elle me sollicita alors.

Et là, j'avais enfin l'occasion de me venger pour toutes les tâches domestiques quotidiennes qu'elle m'obligeait à faire !

Je rédigeai le courrier et le lui lus pour qu'elle puisse le faire devant mes parents. Ces derniers étaient très heureux et fiers que les frais de scolarité qu'ils payaient à ma grande sœur portent leurs fruits. Ils pouvaient compter sur elle s'ils en avaient besoin. Ils la félicitaient.

Cependant, ma sœur n'était pas fière de ce subterfuge ainsi que de mentir à mes parents. Elle s'est mise à pleurer toutes les larmes de son corps, avouant tout à mes parents. À ce moment, j'eus la peur de ma vie, mes parents allaient tout découvrir. Je craignais non seulement la correction qui m'attendait, mais également leur déception.

Je n'avais pas respecté leurs ordres, et surtout j'étais allée à l'école alors qu'ils ne le voulaient absolument pas.

Elle avoua pour nos arrangements, sur les conditions qu'elles m'imposaient pour que je l'accompagne à l'école. Elle finit par dire à mes parents qu'elle détestait l'école, qu'elle n'était vraiment pas douée, qu'elle ne souhaitait pas continuer. Qu'ils feraient mieux de me choisir pour cela, car j'étais mieux armée qu'elle et faite pour l'instruction, et que la lettre c'était moi qui l'avais écrite !

Mes parents tombèrent des nues, ils n'avaient pas soupçonné un seul instant que ma sœur ne supportait pas l'école.

Devant l'évidence, et contre toute attente, je n'ai pas reçu de correction ni de leçon de morale. Et de plus, ils acceptèrent enfin que j'aille à l'école à sa place.

Au fil du temps, mes parents s'étaient rendus à l'évidence, je n'étais pas faite pour la vie d'agricultrice, à laquelle ils m'avaient destinée. Ils avaient enfin vu que je ne pourrais jamais en vivre.

À l'âge de seize ans, ils acceptèrent enfin de m'inscrire dans une école de couture.

L'école m'a demandé de passer des tests pour voir si j'ai la capacité motrice et intellectuelle pour suivre son programme, et j'ai passé les épreuves avec succès. J'ai pu intégrer l'école qui me fit payer la moitié des frais scolaires pour commencer.

J'étais heureuse que mes parents se soient résolus à m'envoyer à l'école, même si c'était pour de la couture.

Ce jour-là, je revenais de Phnom Penh pour rendre visite à mes parents.

Je les cherchais partout dans la maison, mais hélas il n'y avait personne.

J'étais très déçue, car mes parents me manquaient beaucoup, c'était la première de fois que j'étais séparée d'eux aussi longtemps.

Trop impatiente et ne voulant pas attendre à la maison, je décidais d'aller les rejoindre dans les champs.

Sur le chemin, je croise le nouvel instituteur, enfin, je le suppose.

Dans mon petit village, tout le monde se connaît, et lui, je ne l'ai jamais vu auparavant.

Il marche sur le chemin avec une botte de petits bois dans la main et une sacoche d'école. Cela ne peut être que lui.

Arrivé à quelques mètres de moi, à partir du moment où nos yeux se croisent, il s'arrête de marcher… Il me regarde fixement, et ne quitte plus mon regard.

À l'époque, j'étais très timide, et dans notre culture, on ne doit pas soutenir le regard d'un homme. Je lui tournai alors le dos, accélérai mes pas et me dépêchai de retrouver mes parents.

Ma mère me confirme qu'il s'agit bien du nouvel instituteur.

Je dois avouer que, pour ma part, dès que j'ai vu cet homme, j'ai ressenti quelque chose de spécial, une réelle attirance, il m'a touchée en plein cœur, mais je ne voulais pas me faire d'illusions, je me convainquis, alors, qu'étant donné l'âge un peu avancé de cet instituteur, il devait déjà être marié avec une ribambelle d'enfants.

Au Cambodge, à cette époque, avant trente ans, les hommes sont déjà mariés avec des enfants.

Le lendemain, je vais chercher de l'eau pour les besoins de la maison, je veux m'assurer que mes parents disposent d'une réserve suffisante avant de repartir à Phnom Penh.

Apparemment, l'instituteur avait organisé une sortie avec ses élèves à la source de la Porte aussi.

Dans le village, il y avait une porte qui séparait le fleuve et le petit cours d'eau. De plus, chaque pagode disposait toujours d'un étang pour l'approvisionnement en eau des villageois, et l'instituteur avait emmené ses élèves du côté où j'allais chercher de l'eau.

Il était en train de discuter avec un monsieur que je connaissais bien, il s'appelait Pou Chun, c'était son voisin. Au Cambodge, lorsque l'on appelle quelqu'un par son prénom c'était impoli, du coup on ajoute toujours POU, MING, OM ou BANG, en fonction de l'âge et du sexe de la personne.

Je m'en approchai et vis qu'il me fixait intensément du regard. Je me sentis très gênée, baissai les yeux et allai remplir mes seaux d'eau.

En m'éloignant, je me retournai vers lui et vis qu'il ne m'avait pas quitté des yeux, et ce fut comme ça pendant les trois ou quatre allers-retours que j'avais faits. Je me suis dit que c'était bizarre, jamais un homme ne m'avait regardée comme cela, et moi, je ressentais des émotions étranges, car au fond il me troublait énormément.

Mais encore une fois, je me persuadai de ne pas me faire d'illusions, il devait être marié.

Puis vint une autre fois où j'étais en train d'essayer des vêtements chez moi, et il était allé se renseigner auprès d'une dame du village, qui se nommait Ming Touch, pour savoir qui étaient mes parents et où j'habitais, et cette dernière l'avait amené à mon domicile. Ils montèrent chez moi et Ming Touch m'interpella : « Ten – tout le monde m'appelait ainsi dans le village –, monsieur l'instituteur souhaitait vous rendre une visite, je l'ai donc emmené. »

Je trouvais la situation plutôt étrange et m'interrogeais. Je ne le connaissais pas, mes parents ne le connaissaient pas, il ne nous connaissait pas, pourquoi venait-il nous rendre visite ?

Je sors de ma chambre, je lui installe une natte sur laquelle il pourra s'asseoir.

À l'époque, dans les campagnes, nous n'avions pas de mobilier. Pour nous asseoir, pour dormir, nous avions des nattes. Et sans mot dire, je retournai aussitôt dans ma chambre.

Selon les coutumes cambodgiennes de cette époque, il y avait des gestes à respecter scrupuleusement sous peine d'être mal jugée.

Une jeune fille ne doit jamais se montrer ou échanger un mot quelconque avec un homme qu'elle ne connaît pas. Et surtout, elles ne doivent jamais montrer leur visage aux jeunes hommes qu'elles ne connaissent pas.

Il s'assoit sur la natte, je l'observe discrètement de ma chambre.

J'espère qu'il va patienter gentiment jusqu'à l'arrivée de mes parents, et quand je regarde de nouveau dans sa direction, plus personne sur la natte ! Envolé !

Vient le jour où je dois reprendre les cours à Phnom Penh.

Maintenant que j'avais fait le plein de l'eau comme d'habitude et fait le nécessaire dans la maison de mes parents, je pouvais repartir tranquillement jusqu'à ma prochaine visite. En effet, j'étais encore la seule à pouvoir rendre ces services et veiller sur mes parents. Mes frères étaient à l'école, mes petites sœurs étaient trop petites pour remplir ces tâches. Quant à mes trois sœurs aînées, elles étaient déjà toutes mariées et avaient quitté le domicile familial pour rejoindre la famille de leurs maris respectifs comme il est de coutume.

Eh oui, j'étais encore la seule à avoir plus de seize ans et pas mariée. Les jeunes filles de notre famille étaient très convoitées, à peine à la fleur de l'âge, c'est-à-dire qu'à quatorze-quinze ans elles avaient déjà plusieurs demandes et organisaient des épousailles.

Ce n'était pas le manque de prétendants, bien au contraire, j'en avais eu beaucoup, mais cela n'avait fonctionné avec aucun.

J'avais toujours tout annulé avant le mariage, car ils ne me plaisaient pas.

Il y en avait même un qui avait vécu au sein de ma famille pendant un an. Période pendant laquelle il assumait toutes les tâches qu'un futur homme de maison se devait d'accomplir, et au moment de fixer la date des épousailles, j'avais supplié mes parents de tout annuler, car je ne l'aimais pas.

Je dois dire que j'avais de la chance que mes parents soient à notre écoute quant au choix de nos époux. Mes parents commençaient sérieusement à s'inquiéter, car j'avais déjà dix-sept ans et pour toute jeune fille digne de ce nom, je devrais déjà être mariée, mais j'en avais décidé autrement.

Mes parents décidèrent alors de consulter une diseuse de bonne aventure.

Au Cambodge, c'est une pratique assez courante. Les Cambodgiens sont un peuple très superstitieux.

La dame les rassura en disant que mon « destiné » n'était pas loin, qu'il n'était pas encore là, mais n'allait pas tarder à arriver. Par contre, c'était un garçon qui viendrait d'une région lointaine.

Le jour de mon départ vers Phnom Penh, j'en profitais pour m'arrêter à Phnom Tror Paing Trav.

Il y avait une dame qui vendait des sarongs en soie. À ma vue, la dame m'interpella et me dit : « S'il te plaît, jeune fille, puis-je te demander un service ? Tu es jeune et belle, pourrais-tu me servir de modèle pour ces sarongs ? J'ai des gens qui aimeraient les acheter, mais ils voudraient voir ce que cela donne une fois portés. De plus, jeune et jolie comme toi, cela mettrait mes sarongs en valeur et leur donnera envie de me les acheter. »

J'ai répondu : « Pourquoi pas, Ming ? C'est avec plaisir que je vous sers de modèle. »

Et j'enfilais les vêtements. Une fois dans le sarong, les villageois présents ne cessèrent de me faire des compliments disant que ce sarong en soie, avec ses couleurs, m'allait à merveille : « On dirait qu'ils sont fabriqués pour toi », disaient-ils.

Je me sentais vraiment flattée, j'aurais aimé que maman me l'achète, je le lui avais demandé, mais elle avait refusé.

Elle estimait que j'avais déjà assez de sarongs en soie et que je n'avais pas de besoins.

J'avais rendez-vous avec mon beau-frère au croisement des trois routes devant le temple. C'était le point de rencontre des charrettes à cheval qui devaient prendre le départ pour les autres villes.

Nous avions convenu qu'il viendrait me récupérer ici avec sa charrette et me ramènerait à Phnom Penh.

À ma grande surprise, l'instituteur était là. Il se tenait debout devant le temple au croisement où j'avais rendez-vous.

Lorsque je suis arrivée, il regardait vers moi et, encore une fois, ne me lâcha pas des yeux. Il me suivit du regard jusqu'à ce que le chariot qui me transportait soit hors de vue.

Une fois arrivée à Phnom Penh chez ma grande sœur, je m'isolais dans ma chambre pour réfléchir.

Je commençais sérieusement à me poser des questions sur lui, sur ses intentions, son attitude était très troublante.

Du moins, ses regards insistants me troublaient au plus haut point. Je me surprenais à espérer que quelque chose puisse être possible entre nous.

Quand j'étais dans la charrette, j'en profitais pour l'observer en cachette et je voyais qu'il était toujours en train de regarder dans ma direction.

Je me disais en moi-même « quel dommage qu'il soit déjà marié », et j'essayais de m'en convaincre.

Quinze jours plus tard, je retournai chez mes parents. Je devais aller chercher l'autre moitié de la somme restante, due à l'école.

Une fois que j'aurais payé l'intégralité de la somme pour mon année scolaire, l'école me fournirait les quinze mètres de tissus nécessaires pour apprendre la découpe et la couture.

De retour à la maison, ma mère m'annonça qu'elle avait reçu la visite de l'instituteur accompagné de Ming Touch. Il lui avait demandé ma main officiellement.

Je suis très surprise et en même temps tellement heureuse. J'ai du mal à croire que, finalement, non seulement il est célibataire, sans enfants, mais en plus il m'a demandée en mariage. Il éprouve, donc, les mêmes sentiments à mon égard !

Je m'étais tellement convaincue du contraire que j'avais du mal à y croire.

Maman me demandait ce que j'en pensais, si j'étais d'accord pour l'épouser.

Je n'osais pas lui répondre oui, que je souhaitais, et que depuis que je l'avais aperçu, pour la première fois, je ressentais des sentiments de plus en plus forts pour lui.

Je lui ai répondu, hypocritement : « C'est comme tu voudras, maman, si tu estimes qu'il est bien pour moi et que tu souhaites que je l'épouse, alors je le ferai. »

Mais au plus profond de moi-même, j'étais vraiment ravie et heureuse de cette idée.

Quand je repartis pour Phnom Penh, il me suivit en chariot jusqu'au croisement.

À ma rencontre, il avait tenté de me parler, mais je répondis brièvement, car j'étais très intimidée, sachant en plus qu'il avait demandé ma main. Un mois après, il me rejoignit à Phnom Penh.

Il vint me rendre visite chez ma sœur chez laquelle je logeais.

À l'époque, je ne savais pas cuisiner, comme je comptais sur mes grandes sœurs, je ne m'étais jamais intéressée à la cuisine.

Ce jour-là, ma grande sœur m'obligea à cuisiner pour lui.

J'avais mis un temps fou. J'avais passé la journée entière pour sortir deux ou trois plats. Bon ou pas, je ne savais pas.

Il avait mangé ce que je lui avais préparé, mais n'avait pas fait de commentaires.

Quand il appréciait, il en mangeait davantage, et quand il aimait moins, il en mangeait moins !

Plus tard, il était revenu me rendre visite, mais cette fois il était venu me retrouver directement à mon école de couture, m'invitant au restaurant.

Il me demanda ce que j'avais envie de manger. Comme je n'avais pas l'habitude d'aller au restaurant avec mes parents, je ne savais pas ce qu'on pouvait commander. J'avais dû aller une seule fois avec ma sœur manger une soupe de nouilles.

Je lui avais répondu que je mangerais ce qu'il commandera, car je ne savais pas quoi lui dire.

Il commanda plusieurs plats pour me faire goûter, et j'ai vraiment passé une délicieuse soirée en sa compagnie.

De retour au village, il est allé voir ma mère pour lui demander de fixer la date du mariage, aussi proche que possible.

Je protestais, pas parce que je ne voulais plus l'épouser, mais je voulais d'abord terminer mon apprentissage, mon année scolaire.

Je voulais aller au bout, maîtriser tout l'art de la couture. Il ne me restait plus que six mois.

Il avait réussi à me rassurer en me suggérant qu'après le mariage je pourrais revenir à Phnom Penh et terminer mes études.

Ma mère me faisait la même promesse. Je m'étais laissée convaincre et le mariage fut organisé et célébré.

Après le mariage, il m'avoua que la première fois qu'il m'avait vue, seulement de dos avec mes longs cheveux bien noirs, il s'était passé quelque chose chez lui. Il ne pouvait pas me quitter des yeux. C'était comme si je l'avais hypnotisé.

Effectivement, je me souvenais de ce jour-là. Il n'avait jamais réussi à m'oublier, et était tombé amoureux de moi.

Nous nous étions avoué tous nos sentiments et nous sommes prêté serment de toujours nous aimer et de nous respecter. Souvent, j'ai vu des couples mariés qui, lorsqu'ils se disputaient, s'insultaient eux et leurs parents respectifs, moi depuis mon plus jeune âge, je m'étais juré que jamais je n'insulterais les parents de mon mari et inversement, jamais je n'accepterais que mon mari puisse proférer des insultes à l'égard de mes parents.

Je lui dis que s'il était en colère contre moi, il pouvait me dire ce qu'il voulait sur moi, mais jamais sur mes parents.

Après le mariage, je m'étais rendu compte que chacun respectait scrupuleusement son serment.

Comme promis, j'avais demandé à reprendre mes études, mais mon mari avait refusé. Il ne voulait plus que je quitte le foyer familial.

Il me demandait de ne plus me préoccuper de mon avenir. Je n'avais qu'à m'occuper de la maison, de lui et de nos futurs enfants, lui, il se chargeait du reste.

J'aimais tellement mon mari, je ne voulais pas le blesser et m'obstiner, alors je cédai…

En définitive, je n'avais pu apprendre que pendant deux mois, j'avais payé des frais de scolarité pour rien, et je n'avais pas pu apprendre le métier de couturière entièrement.

Je savais à peine fabriquer quelques modèles de petits hauts et des pantalons tout simples.

Ensuite, je suis tombée enceinte de notre premier enfant. Mon mari voulait que j'accouche à l'hôpital avec tous les équipements nécessaires, mais ma mère avait peur des hôpitaux. Elle préférait que l'accouchement ait lieu à la maison, avec une sage-femme du village habituée à cette pratique.

Elle me demanda de mentir à mon mari quant au terme. J'ai menti à mon mari tout au long de ma grossesse, comme me l'a demandé ma mère, mais mon mari étant très observateur, il ne se laissa pas abuser.

Quand il remarqua que mon ventre était vraiment pointu et que le bébé était vraiment bas, prêt à sortir, il voulut m'amener à l'hôpital envers et contre tout.

Nous avions fait la valise, préparé toutes les affaires nécessaires pour le bébé, prêts à partir, mais ce jour-là, j'avais mal au ventre, j'avais très mal au ventre depuis six heures du matin jusqu'à six heures du soir.

La douleur se faisait de plus en plus intense. Je ne pouvais pas monter dans la charrette. Mon mari, inquiet, était allé chercher la sage-femme du village.

L'accouchement fut très long, de six heures à onze heures du soir.

C'était le premier bébé, je ne savais pas comment faire, et la sage-femme ne savait pas me guider correctement.

Elle me disait de pousser, alors je poussais n'importe comment jusqu'à épuisement et je me suis évanouie.

Je ne me suis même pas rendu compte lorsque le bébé est sorti. Tout le monde pleurait, mes parents, mon mari qui faisait les cent pas autour de la maison en pleurant, car ils croyaient m'avoir perdue.

Mon mari qui était insensible à toute superstition, qui ne croyait à aucun dieu, ni à aucune sorcellerie, ce soir-là, avait prié de toute son âme.

Quand je suis revenue à moi, le bébé était déjà né. Notre bébé avait sept jours, nous ne lui avions toujours pas donné de prénom, mon mari me proposait d'aller rendre visite à sa maman et ainsi lui présenter notre enfant. Arrivés à la ville de Mong, district de Moung Reussei, village de Phoum Deim Doung, la ville de ses parents, l'enfant ne cessait de pleurer.

Nous n'avions pu rester qu'une nuit.

Le lendemain, nous partîmes chez sa grande sœur à Phnom Penh, et là encore, il n'arrêtait pas de pleurer, nous rentrâmes donc à la maison.

Sur le chemin, nous nous sommes arrêtés chez un ami de mon mari.

Son épouse m'avait aidée à laver mon bébé, à m'occuper de lui. Il n'y avait rien à faire, il pleurait tout le temps. Il refusait même de prendre la tétée.

J'avais eu le réflexe de mettre le doigt dans sa bouche et m'aperçus qu'il avait un gros grain de maïs cuit dedans. La petite de ma belle-sœur, voyant le bébé pleurer, a voulu le consoler en lui donnant à manger.

Et comme il n'arrivait plus à téter et que le grain de maïs le gênait, il n'arrêtait pas de pleurer.

Mais il ne semblait pas très bien et pleurait souvent. Revenus à la maison, je me rappelle que la sage-femme nous avait recommandé, une fois le bébé né sain et sauf, que nous devions, pour la remercier, faire une offrande avec un poulet.

Maman me soulignait que nous n'avions pas encore fait le nécessaire.

Nous avons donc demandé aux enfants de nous capturer un beau poulet et fait cette offrande.

À peine nous avions attrapé le poulet, et étions sortis du village avec, que le bébé cessa complètement de pleurer.

Mon mari me proposa d'aller rendre visite à son ami américain qui vivait à Phnom Penh, il s'appelait David.

Ce dernier nous avait demandé si ce joli garçon avait déjà un prénom, nous lui avions répondu que non.

Il nous suggéra d'appeler notre bébé Tharo, un prénom américain en l'honneur de leur amitié. Ce prénom nous plaisait beaucoup, nous décidions alors de le prénommer ainsi et l'officialisâmes dans les registres.

Ensuite, nous avions eu notre deuxième garçon, et l'avions nommé Thareth. C'était plus facile de choisir son prénom, nous voulions que les deux prénoms se suivent. Enceinte de Thareth, les Khmers rouges attaquèrent le pays.

On demandait alors à tous les professeurs de se transformer en soldats ou policiers pour lutter contre les Khmers rouges.

Mon mari avait été nommé policier à Takéo, et les vrais policiers et soldats avaient été envoyés au front pour lutter contre les Khmers rouges.

J'ai alors accouché à l'hôpital de Takéo. Une fois que les attaques des Khmers rouges se sont calmées, les policiers ont été rapatriés pour assurer leur travail et on remettait les enseignants à leur poste également. On laissait uniquement les soldats au front.

Mon mari était revenu enseigner à l'école de Takéo, ma ville natale.

Ensuite, mon mari avait eu des histoires avec un parent d'élève. Il s'était beaucoup investi pour cette élève, à essayer de la guider pour la remettre dans le droit chemin, et la mère avait mal interprété son implication et a porté plainte contre lui.

Vexé, mon mari avait décidé de quitter Takéo et de retourner enseigner dans son village aux côtés de ses parents à Moung, Phoum Deum Doung, une petite école à Wat Kaek à côté de la ville de Mong, à 50 km de Battambang, sa ville natale.

Je décidais de le suivre et nous y partîmes avec nos deux enfants.

Le Cambodge selon les sources de Wikipédia

1053, c'est le début de l'âge d'or de la civilisation khmère, qui s'appuie sur de gigantesques aménagements hydrauliques (les *baray*) et bâtit de nombreux édifices à l'architecture spécifique. Il durera jusqu'au XIIIe siècle.

Le culte du dieu-roi (*Devaraja*) basé sur l'hindouisme est restauré. Indravarman Ier (règne 877-890), successeur de Jayavarman III (règne 864-877), entreprend de vastes travaux hydrauliques. Sous Yasovarman, à la fin du IXe siècle, la capitale se déplace légèrement vers le site d'Angkor, où de nombreux temples sont construits. On voit alors apparaître le culte de Bouddha, à côté de ceux de Shiva et Vishnou. Sur le plan politique, l'histoire khmère est marquée par de permanentes conspirations.

Suryavarman Ier qui règne entre 1002 et 1050 s'impose face à ses concurrents, fonde une nouvelle dynastie et étend le royaume vers l'ouest. La fin du Xe siècle est marquée par une incursion des voisins de l'Est, les Chams, ancien nom des Thaïs.

Les conflits avec les Chams sont une autre composante de l'histoire khmère : on a même pu parler entre eux d'une « guerre de cent ans » de 1130 à 1227. Auparavant, le règne de Suryavarman II est une période de paix relative et de prospérité qui voit la construction du temple d'Angkor Vat, dédié à Shiva. Les Khmers parviennent à résister aux assauts de leurs voisins, Môns, Viets et Chams, et concluent un traité de paix avec la Chine.

Au début du XVIIIe siècle, le Cambodge avait été obligé de reconnaître à nouveau la suzeraineté du Siam. En 1767, le roi

Outey II essaie de tirer parti de l'affaiblissement du Siam vaincu par les Birmans. Il demande à nouveau l'aide de la cour de Hué, et les Vietnamiens l'emportent sur les Siamois, mais, en 1771, imposent leur protectorat au Cambodge, alors que les Siamois soutiennent la guérilla que mène Ang Non, un rival d'Outey.

À partir de 1774, le Viêt Nam, affaibli par la révolte des Tayson, ne peut plus soutenir Outey II qui doit abdiquer en 1775 en faveur d'Ang Non II. Entre 1794 et 1796, Ang Eng, fils de Outey II, couronné par le Siam, rentre au Cambodge. En 1794, le Siam annexa les provinces de Battambang et de Siemreap dont Ben fut nommé gouverneur par le roi de Siam. Entre 1796 et 1806, Pok assura la régence du Cambodge à la place d'Ang Chan II, roi à 5 ans. Durant sa régence, Pok envoya les troupes khmères aider le Siam à combattre les Birmans et aussi aider l'Annam de Gia Long à vaincre les Tay Son. Pok fut également parrain des 5 petits princes, fils d'Ang Eng (Ang Chan II, Ang Snguon, Ang Phim, Ang Em et Ang Duong), pour l'éducation princière à l'accession au trône. Le Cambodge repasse donc sous la coupe des Siamois, mais depuis 1802, sous le règne de l'empereur Gia Long, le Viêt Nam retrouve sa force et son unité, et Ang Chan II, roi du Cambodge, le reconnaît comme suzerain, ce qui provoque l'occupation du Cambodge par le roi du Siam Rama II. Ang Chan II reprend Oudong avec l'appui des Vietnamiens, mais doit céder des provinces du nord du royaume au Siam en même temps qu'il accepte l'autorité militaire du gouverneur de Saïgon.

Entre 1834 et 1841, le Viêt Nam met en place une politique d'annexion totale du Cambodge, avec imposition de la langue vietnamienne dans l'administration. En 1845, une révolte éclate, qui se traduit par le massacre de Vietnamiens dans tout le pays. Des émissaires khmers sollicitent une intervention siamoise qui est accueillie avec joie par les Khmers. L'armée siamoise pénètre à Oudong. Finalement, Siamois et Vietnamiens se mettent d'accord, chacun conservant les provinces annexées.

C'est dans ce contexte que le roi Ang Duong, convaincu du prochain partage définitif de son pays au profit de ses puissants voisins, sollicite, en 1853, l'intervention de la France sur les conseils de Mgr Miche, vicaire apostolique au Cambodge. Napoléon III donne son accord, mais les Siamois, mis au courant, font échouer le traité d'alliance en gestation.

Ang Duong met alors en œuvre, avec de très faibles moyens, une politique de modernisation et de reconstruction d'un pays dévasté. Il reconstruit Oudong, rétablit assez de sécurité pour attirer des commerçants chinois et indiens. Il encourage des bonzes à créer des écoles de Pagode et lutte contre l'esclavage. À sa mort, en 1860, son fils devient roi sous le nom de Norodom.

En 1863, le roi Norodom signe un Traité de protectorat du Cambodge avec la France qui donne sa protection sur le royaume et intègre progressivement le pays dans son empire colonial. La mainmise de la France sur le Cambodge s'inscrit dans le processus de colonisation des trois pays, Vietnam, Laos et Cambodge qui formeront pendant un peu moins d'un siècle l'Indochine française. Dès 1862, la France avait imposé un traité au Viêt Nam qui lui cédait Saïgon, la Cochinchine orientale, ainsi que ses droits sur le Cambodge. Le Siam ne peut alors faire autrement que de réaffirmer sa suzeraineté sur le Cambodge, et la France n'a dès lors aucune difficulté à obtenir du souverain du Cambodge qu'il demande officiellement la protection de la France.

Le régime du protectorat réserve à la France les relations étrangères et donne droit aux citoyens français de s'installer et de commercer librement dans tout le royaume. En 1867, en échange de la reconnaissance par le Siam du protectorat français, la France s'engage à ne pas annexer le Cambodge à la Cochinchine et accepte de reconnaître la mainmise siamoise sur les provinces de Battambang et d'Angkor.

Entre 1863, début du protectorat, et 1904, mort de Norodom, la France laisse, en gros, Norodom diriger les affaires intérieures du pays en monarque absolu, avec des tergiversations, comme en 1884 où le gouvernement français de Jules Ferry, persuadé que le roi freine les réformes, impose un protectorat beaucoup plus rigoureux, analogue à celui imposé à l'empereur d'Annam (nom que l'on donnait alors au Viêt Nam). Mais une insurrection populaire fait finalement reculer les Français.

En fait, Norodom qui avait transféré sa capitale d'O*udong* à Phnom Penh avait eu des velléités de modernisation, à l'instar de son prédécesseur Ang Duong : suppression d'un certain nombre de charges mandarinales qui consistaient surtout en privilèges sans contrepartie en termes de services rendus. Traitement fixe pour les fonctionnaires, avec interdiction de se rétribuer directement sur le produit des impôts, intention d'abolir l'esclavage. Mais toutes ces réformes suscitent une vive opposition de la part de la cour, forçant le roi à temporiser.

En 1897, Paul Doumer, nouveau gouverneur général de l'Indochine écrit qu'après quarante ans de protectorat français sur le Cambodge, les progrès économiques « avaient été insignifiants pour ne pas dire nuls ».

En 1904, à la mort de Norodom, la succession revient à son frère, le prince Sisowath, favori des Français. Partisan de la modernisation, il favorise la politique mise en place par Doumer de réalisation d'infrastructures. Les relations avec la puissance coloniale sont améliorées lorsque la France obtient du Siam en 1904 et 1907 la restitution des provinces occidentales. En 1927, Sisowath meurt, et il est remplacé par son fils aîné Monivong. Les deux souverains entretiennent des relations plutôt amicales avec les Français. Les deux administrations, française et cambodgienne, continuent à se partager les pouvoirs. Dans la première partie du XXe siècle, les Français construisent un certain nombre d'infrastructures (routes, voie ferrée Phnom Penh-Battambang, port de Phnom Penh, hôpitaux), mais le développement se fait dans le cadre de l'union indochinoise. Dans la pratique, cela veut dire que les Cambodgiens sont très peu représentés dans les administrations centrales de Hanoï.

Au Cambodge même, malgré le développement très modeste du système d'enseignement, des cadres administratifs cambodgiens sont formés, mais les cadres techniques (conducteurs de travaux, artisans…) sont essentiellement vietnamiens, alors que les commerçants sont le plus souvent chinois. Dans les administrations qui dépendent directement du gouvernement général de l'Indochine, comme les douanes ou la justice, on trouve plus de Vietnamiens ou de Pondichériens que de Cambodgiens.

Le système scolaire dont les écoles de pagode restent la base se développe lentement, mais il ne s'agit que d'enseignement primaire. Le Cambodge ne compte encore en 1937 que 1000 écoles, dont 813 écoles de pagode, avec 49 500 élèves pour 3 millions d'habitants. Le premier recensement de 1921 dénombre 2,3 millions d'habitants. En 1937, le Cambodge ne dispose toujours pas d'un enseignement secondaire digne de ce nom : les Khmers de famille aisée doivent aller passer leur baccalauréat à Saïgon. En 1937, on compte 631 étudiants inscrits à l'université indochinoise de Hanoï. Parmi eux, trois seulement sont cambodgiens.

À la veille de la Seconde Guerre mondiale, les Français n'envisagent pas de laisser accéder le Cambodge à l'indépendance dans un avenir proche. Les mouvements indépendantistes restent modestes. La lutte pour l'indépendance est incarnée par Son Ngoc Thanh et sa revue Nagaravata. Charles Meyer résume la situation en écrivant : « Entre Français et Cambodgiens, il y eut, en somme, plus cohabitation que domination… la France n'avait pas humilié les Khmers ou, si l'on veut, les Khmers, immuables subirent la domination française comme une péripétie de leur histoire pas nécessairement humiliante ».

Après des bombardements aériens fin 1940, la Thaïlande lance une offensive terrestre en janvier 1941. Les forces françaises – au rang desquelles deux bataillons de tirailleurs cambodgiens – contre-attaquent et sont victorieuses lors de la bataille navale de Koh Chang. Sous la pression des Japonais, la France doit cependant céder à la Thaïlande en mai 1941 les provinces de Battambang et de Siem Reap.

Au cours de la Seconde Guerre mondiale, les Japonais laissent le Gouvernement de Vichy administrer les différents pays de l'Indochine française tout en encourageant le nationalisme khmer. C'est ainsi à l'amiral Jean Decoux, gouverneur général de l'Indochine, qu'il revient de gérer la succession de Monivong, décédé en 1941. Son choix se porte sur Norodom Sihanouk, un prince âgé de dix-neuf ans qui reste entouré de très près par ses conseillers français. Le 9 mars 1945, un coup de force japonais met brutalement fin à la domination française. Le Cambodge bénéficie ainsi d'une brève période d'indépendance avant la restauration de l'autorité française. Le 12 mars, Sihanouk dénonce le protectorat. Son Ngoc Thanh, réfugié au Japon, rentre à Phnom Penh, devient ministre des Affaires étrangères et pousse le gouvernement à se rapprocher du Japon. Un mouvement nationaliste et anticolonialiste s'éveille, ce qui satisfait le Japon, mais le ton devient rapidement anti-japonais. Son Ngoc Thanh s'autoproclame Premier ministre en août avec le soutien des Japonais. La confusion est extrême jusqu'à la capitulation japonaise et même au-delà. Sihanouk finit par prendre contact avec les Français, les invitant à venir restaurer le protectorat. Les troupes françaises et britanniques rentrent dans Phnom Penh et, le 15 octobre, le général Leclerc entre à Phnom Penh et procède à l'arrestation de Son Ngoc Thanh.

Sihanouk, ayant tiré son épingle du jeu, occupe une place centrale sur l'échiquier politique. Plusieurs fois chef du gouvernement, il parvient à neutraliser l'opposition de gauche, républicaine. Durant la guerre d'Indochine, le Cambodge est menacé par le Việt Minh et ses alliés khmers issarak, mais est, des trois pays de l'Indochine française, celui qui souffre le moins de la guérilla indépendantiste communiste. C'est Sihanouk qui parvient à obtenir l'indépendance, en s'efforçant de négocier avec les Français dans des termes acceptables par toutes les parties. Un accord partiel se dégage en octobre 1953. Sihanouk proclame alors l'indépendance et effectue un retour triomphal à Phnom Penh. Lors des accords de Genève, il peut se permettre de refuser toute concession aux Khmers issarak, qui doivent déposer les armes ou évacuer le Cambodge pour se réfugier au nord Viêt Nam.

Le Cambodge était resté en retrait de la guerre d'Indochine, mais des troupes Vietminh s'étaient installées au Laos et au Cambodge pour assurer les voies de communication entre le Nord et le Sud. À la suite des accords de Genève, le Cambodge est en bonne position pour obtenir le retrait de ces troupes et pour résister contre tout empiétement de sa souveraineté. Les accords de Genève prévoient également des élections libres. Pour pouvoir jouer un rôle politique de premier plan, Sihanouk décide d'abdiquer en faveur de son père Suramarit et de fonder une formation politique, le Sangkum qui obtient 83 % des voix aux élections de 1955. À l'été 1955, Sihanouk participe à la Conférence de Bandung où il rencontre l'Indien Nehru, l'Indonésien Soekarno et le Chinois Zhou Enlai. Par la suite, il mène une politique étrangère de non-alignement et de neutralité pour laquelle il recherche à partir de 1956 le soutien de la Chine pour s'opposer aux États-Unis qui voudraient que le Cambodge se rallie à leur camp au côté du Sud-Vietnam et de la Thaïlande. Un complot lié à Son Ngoc Thanh, réfugié à Bangkok depuis 1955, est déjoué en 1959. Au début des années 1960, ce sont des complots de gauche auxquels Sihanouk doit faire face. À la mort de son père en 1960, il accepte de devenir chef de l'État.

Au cours de cette période qui conjugue l'indépendance avec la paix, le Cambodge connaît un développement rapide et une certaine prospérité. Grâce à sa politique de neutralité, il bénéficie d'une aide internationale diversifiée : France, États-Unis, Chine, Union soviétique, Tchécoslovaquie. La construction de ports et d'aérodromes rompt avec la dépendance traditionnelle vis-à-vis de Saïgon. La population connaît une croissance rapide, 5,7 millions d'habitants en 1962.

Sur le plan social, Sihanouk et le Sangkum mettent en avant une politique de « Développement communautaire » dans les campagnes, développant massivement l'enseignement. Malgré cette prospérité apparente, quelques nuages commencent à obscurcir le ciel cambodgien ; l'administration et l'industrie ne fournissent pas de débouchés suffisants aux nouvelles couches scolarisées qui ne profitent pas des retombées de l'aide étrangère au même titre que les classes dominantes souvent corrompues.

La neutralité, élément central de la politique étrangère cambodgienne dans les années 1950 et 1960, est mise à mal, à partir de 1965, par la reprise de la guerre civile au Viêt Nam avec l'implication américaine, les provinces orientales du Cambodge servant de base arrière pour les communistes de l'armée nord-vietnamienne et des forces du Viet Cong. Le port de Sihanoukville est également utilisé pour le ravitaillement des communistes. Le prince Sihanouk maintient la ligne officielle de neutralité, mais ne fait rien pour s'opposer à l'occupation d'une partie du territoire cambodgien par les Vietnamiens.

En fait, avant même la reprise de ce que l'on a appelé la 2e guerre d'Indochine, la politique de neutralité devenait porteuse de contradictions de plus en plus nombreuses. D'un côté, sur le plan extérieur, le Cambodge avait des relations exécrables avec ses deux voisins et ennemis héréditaires, le Sud-Viêt Nam et la Thaïlande, tous deux alliés des États-Unis, d'un autre côté, sur le plan intérieur, le Sangkum devenait de plus en plus dominé par les forces de droite en dépit d'une orientation affirmée pour un « Socialisme bouddhique ». En 1967, un Premier ministre de droite, Lon Nol, réprime durement un soulèvement paysan dans la région de Battambang. Trois personnalités de la « Gauche légale », Khieu Samphân, Hou Yuon et Hu Nim, rejoignent alors, dans les forêts, une organisation communiste clandestine.

D'un côté, Sihanouk, qui a rompu les relations diplomatiques avec la Thaïlande, le Sud-Viêt Nam et les États-Unis, reconnaît le F.N.L. (Vietcong) comme « Représentant authentique du peuple sud-vietnamien » et établit des relations diplomatiques avec Hanoï, d'un autre côté, la lutte armée du parti communiste khmer (P.C.K.) prenant de l'ampleur, il déclare que le communisme est l'ennemi principal du Cambodge.

À partir de 1969, les Américains interviennent directement dans les zones du Cambodge contrôlées par les communistes vietnamiens. Sihanouk qui a rétabli ses relations diplomatiques avec les États-Unis, ne proteste pas, comme il ne proteste pas non plus contre l'entrée en octobre 1969 de 40 000 soldats nord-vietnamiens. En fait, la droite cambodgienne est de plus en plus désireuse de s'allier franchement aux États-Unis pour bénéficier d'une aide économique plus massive que l'aide multilatérale.

Bien que progressivement passé aux mains de ses factions de droite, le Sangkum, lui-même en crise, refusait encore d'autoriser la dénationalisation du secteur bancaire et l'activité des banques étrangères (décembre 1969). La droite, avec Sirik Matak, comprit qu'il n'y aurait pas d'investissements étrangers ni de redressement économique tant que le régime resterait aussi personnalisé, autrement dit tant que Sihanouk serait là. Elle profita de l'absence du prince (en cure médicale en France) pour provoquer d'abord de vastes manifestations anti-vietnamiennes, puis pour renverser Norodom Sihanouk qui, le 18 mars 1970, fut déchu par l'Assemblée de ses fonctions de chef de l'État. Arrive alors au pouvoir une équipe de droite emmenée par le général Lon Nol et le prince Sirik Matak.

En mars 1970, la nouvelle équipe au pouvoir proclame l'abolition de la monarchie et le pays est rebaptisé « République khmère ». Sihanouk avait pu maintenir tant bien que mal son pays à l'écart du conflit vietnamien. Engagé maintenant dans l'un des deux camps, le Cambodge bascule très brutalement dans la guerre.

En avril 1970, les États-Unis et le sud Viêt Nam, libérés de toute contrainte, lancent une offensive de grande ampleur dans la zone frontalière qui sert de base aux communistes nord-vietnamiens. Une grande quantité de matériel est saisie, mais les Nord-Vietnamiens s'enfoncent plus profondément dans le pays. L'armée de Lon Nol doit faire face à la fois aux Vietnamiens et à la guérilla khmère qui a reçu l'appui de 4 000 combattants communistes repliés à Hanoï depuis 1954. Grâce à l'aide américaine, les effectifs de l'armée passent de 30 000 à 200 000 hommes, mais la corruption généralisée affaiblit aussi bien l'armée que l'administration.

Entre 1965 et 1973, les B-52 américains larguent 2 756 941 tonnes de bombes, avec une intensification dans les 6 derniers mois. Le Cambodge est le pays le plus bombardé de l'histoire selon l'historien Ben Kiernan. Cela aurait contribué à recruter des combattants khmers rouges. Les bombardements restent secrets. Lorsque le Congrès des États-Unis prend connaissance des destructions causées, il vote pour l'arrêt total des raids.

Avec l'aide des Nord-Vietnamiens, la guérilla des Khmers rouges, selon le nom que Sihanouk leur avait donné lorsqu'il était au pouvoir, prend de l'ampleur. Pol Pot et Ieng Sary prennent en main les nouvelles recrues venues de Hanoï et les intègrent dans les forces de l'armée révolutionnaire du Kampuchéa, dirigée en sous-main par le Parti communiste du Kampuchéa. Les Khmers rouges qui, en plus de l'aide des Nord-Vietnamiens, reçoivent également de l'aide chinoise parviennent à conserver leur indépendance. En 1970, le mouvement ne comptait que 4 000 guérilleros. En 1973, il contrôle 60 % de la superficie du pays et 25 % de la population.

Pendant les cinq ans que va durer la République khmère, on estime entre 600 000 et 700 000, le nombre de victimes des multiples sources de violence liées à la guerre : bombardements américains, affrontements entre armées régulières, actions de la guérilla et pogroms anti-vietnamiens. La production de céréales passe de 3 951 000 tonnes en 1970 à 705 000 tonnes en 1974, soit une baisse de 82 % ; le bétail est lui aussi laminé. Dès la prise du pouvoir par Lon Nol, une terrible répression s'abat sur les quelques communautés vietnamiennes qui comptent environ 400 000 personnes au Cambodge. Environ 100 000 d'entre elles sont massacrées avec la complicité plus ou moins active de l'armée.

Sihanouk, quant à lui, avait décidé, dès avril 1970, de s'allier aux communistes, ses adversaires d'hier. Il s'installe à Pékin et crée avec les communistes le Front uni national du Kampuchéa (FUNK) (Kampuchea étant une transcription moderne de Kambuja, c'est-à-dire Cambodge). Il forme également un gouvernement royal d'union nationale du Kampuchéa (GRUNK). Très présent sur la scène internationale, le Prince n'a jamais pesé d'aucun poids au sein de la guérilla cambodgienne.

En l'espace de quelques années, la population de Phnom Penh passe de 600 000 à 2 millions d'habitants. Les paysans fuient massivement les zones de combat. En fait assez vite, l'armée de Lon Nol ne contrôle plus que Phnom Penh et quelques autres villes. Le 1er janvier 1975, l'armée des Khmers rouges lance l'offensive finale. En 117 jours, ils vont se rendre maîtres du pays alors que le régime de Saïgon est en train de s'effondrer à la suite de l'offensive nord-vietnamienne de mars 1975, Phnom Penh est assiégée par les Khmers rouges. Le 1er avril, Lon Nol s'enfuit à l'étranger. Le 17 avril, les Khmers rouges entrent dans Phnom Penh.

Immédiatement après la victoire, les Khmers rouges ordonnent l'évacuation de toutes les villes, dont les habitants sont « invités » à travailler parmi les paysans, à la campagne. Cet exode forcé fait des centaines de milliers de nouvelles victimes. Tout ce qui pouvait évoquer la civilisation urbaine, industrie, hôpitaux, écoles, administrations, est anéanti.

À la campagne, le régime et son « organisation suprême », l'Angkar, nom sous lequel se cache le PCK, établissent une distinction entre « l'ancien peuple », c'est-à-dire les paysans, dont certains ont participé aux combats aux côtés des communistes depuis 1970, et le « nouveau peuple », c'est-à-dire, sommairement, la population urbaine, sur laquelle les cadres ont droit de vie ou de mort. Ce sera la mort pour beaucoup d'entre eux. Les survivants doivent participer à l'élaboration d'un homme nouveau, sous l'autorité de l'Angkar. La monnaie est abolie, ainsi que toute propriété privée. Les familles sont disloquées. D'immenses travaux sont entrepris. L'épuisement au travail, la malnutrition et les maladies qui s'ajoutent aux exécutions sommaires, souvent à coups de gourdins, vont provoquer la mort d'un à deux millions d'individus en l'espace de trois ans.

Le nom officiel du nouvel État est le Kampuchea Démocratique. Khieu Samphân est officiellement chef de l'État, mais l'Angkar est dirigée, au moins depuis avril 1977, par Saloth Sâr, secrétaire général du P.C.K., plus connu sous le nom de Pol Pot. En fait, il y a de multiples factions, tous les cadres n'approuvant pas la politique anti-vietnamienne qui prend la forme d'une véritable guerre à partir de septembre 1977.

Le 25 décembre 1978, l'armée vietnamienne passe à l'offensive et met en déroute en quelques jours l'armée des Khmers rouges. Au cours du mois de janvier 1979, les Vietnamiens prennent le contrôle d'une grande partie du pays. Le 11 janvier, à Phnom Penh, un Comité populaire révolutionnaire, contrôlé par la fraction pro-vietnamienne du P.C.K et présidé par Heng Samrin, prend le pouvoir et proclame la République populaire du Cambodge.

Les Khmers rouges reconstituent une guérilla à la frontière thaïlandaise pour combattre le nouveau gouvernement et l'armée vietnamienne, et disposent notamment du soutien des États-Unis, du Royaume-Uni, de la Chine et de la Thaïlande. Leur gouvernement est reconnu par de nombreux pays occidentaux et asiatiques.

En 2009, le premier procès d'un Khmer rouge devant un tribunal international débute. Douch, ancien directeur de la prison de Tuol Sleng ou S21, est condamné en 2012 à la prison à perpétuité.

L'armée vietnamienne reste au Cambodge pendant une dizaine d'années. Elle installe au pouvoir la République populaire du Kampuchéa, dirigée par Heng Samrin ; la République populaire du Kampuchéa gouverne pendant au moins dix ans le pays. Les États-Unis et le Royaume-Uni instaurent un embargo entravant significativement le développement économique du pays.

Le parti du Roi, le Front uni national pour un Cambodge indépendant, neutre, pacifique et coopératif (FUNCINPEC), l'ancien parti du Sangkum et les Khmers rouges forment en 1982 une coalition, le Gouvernement de Coalition du Cambodge, ou CGDK, pour « libérer le pays de l'occupation vietnamienne ». Le CGDK était considéré par les puissances majeures de l'ouest comme le seul vrai représentant du Cambodge, c'est un des dirigeants khmers rouges qui avait un siège à l'ONU jusqu'en 1991. Certains Khmers rouges se réfugient en Thaïlande et dans des zones inhospitalières près de la frontière thaïlandaise. Certaines régions cambodgiennes restent sous le contrôle des Khmers rouges. Depuis la Thaïlande, la CIA et la Defense Intelligence Agency ont entièrement des liens étroits avec le mouvement khmer rouge et en 1983, le gouvernement de Margaret Thatcher envoya les SAS, les forces spéciales britanniques, former les Khmers rouges aux technologies des mines terrestres.

En 1989, les forces vietnamiennes se retirent du Cambodge. Hun Sen fait procéder à une légère modification de la constitution et le pays se baptise État du Cambodge. Le pays intègre la couleur bleue dans son drapeau.

Entre 1989 et le 23 octobre 1991, dans des conférences ayant lieu à Paris, tous les partis cambodgiens et les membres de la communauté internationale acceptent l'organisation d'élections nationales au Cambodge, organisées sous le contrôle de l'ONU. En 1991, les différentes factions cambodgiennes forment le Conseil National Suprême (CNS) composé de onze membres qui élisent à l'unanimité Norodom Sihanouk comme président.

En mai 1993 se tiennent les élections pour élire l'Assemblée législative. Le FUNCINPEC arrive premier suivi du PPC de Hun Sen. L'assemblée travaille à la rédaction de la nouvelle constitution, qui est promulguée le 24 décembre 1993. Norodom Sihanouk redevient officiellement le roi du Cambodge. Le pays prend le nom de Royaume du Cambodge. Deux Premiers ministres sont nommés, Norodom Ranariddh et Hun Sen. Seuls les Khmers rouges s'opposent à ces élections et continuent la guérilla contre les forces de l'armée du Royaume du Cambodge jusqu'en 1998. Ieng Sary et 4 000 hommes rendent les armes en 1996 (la moitié des troupes des Khmers rouges).

Le 5 juillet 1997, Hun Sen destitue par la force le Premier ministre Rannariddh et l'accuse de trafic d'armes. Ce dernier s'apprêtait à faire une alliance politique avec Sam Rainsy et les Khmers rouges. Plusieurs dizaines de fonctionnaires du FUNCINPEC dont deux ministres furent exécutés sur ordre de Hun Sen.

En 1998, Pol Pot meurt, et les dirigeants Ke Pauk, Nuon Chea et Khieu Samphân se rendent aux autorités cambodgiennes. La capture du dernier grand chef khmer rouge, Ta Mok, laisse le mouvement sans dirigeant et marque la fin du combat contre les Khmers rouges.

En 2004, le roi Norodom Sihanouk abdique depuis Beijing en raison de sa santé et décède à Pékin le 15 octobre 2012. Il laisse le trône à son fils Norodom Sihamoni.

Le Cambodge pacifié peut progressivement s'ouvrir au tourisme, développer ses infrastructures, ses routes, les aéroports, les ports… Les élections législatives de 2008 et de 2013 ont été remportées par le Parti du peuple cambodgien. Le Premier ministre du Cambodge reste Hun Sen.

Les Khmers rouges
Le régime de l'Angkar

J'avais quitté mes parents et toute ma famille.

En 1970, le pays traverse de graves crises économiques et connaît la famine, il y a beaucoup de grèves contre le régime royaliste en place, des combats éclatent, des bandes révolutionnaires cherchent à renverser le roi. Les routes sont barrées, impraticables et dangereuses.

Le pays se trouve à feu et à sang… Je ne peux plus rendre visite à mes parents ni à mes frères et sœurs. Je ne reverrais jamais plus leur visage, si j'avais su…

Le régime est très affaibli par les crises répétitives, les Khmers rouges ont réussi à prendre le pouvoir et à gagner la confiance des peuples khmers, particulièrement les paysans.

En cette époque de grandes crises, moi et mon mari avions décidé d'acheter un terrain pour faire un jardin potager et fruitier à Prek Am à 15 km de Mong.

Notre souhait était de subvenir à nos besoins en cas de nécessité.

À l'époque, les jours de repos étaient jeudi et dimanche. Nous travaillions d'arrache-pied dans notre jardin. Nous avions deux hectares cultivables.

Nous y avons travaillé très dur, mais nous fûmes très vite récompensés.

Nous y avons planté des orangers, qui poussèrent très rapidement et nous donnèrent des fruits énormes et magnifiques.

Le terrain était traversé par une petite rivière. La terre était très fertile, quoi que l'on plante, cela poussait.

Notre jardin était magnifique et dense.

Lors de l'arrivée des Khmers rouges, pendant les combats, comme le terrain était situé à la sortie de Wat Assei, à un carrefour stratégique pour eux, pour s'y cacher et mener leur combat, ils prirent possession de notre jardin pour s'y cacher.

Ils coupèrent nos arbres fruitiers, nos beaux orangers, nos bananiers.

Avec mon mari, nous étions désespérés. Voir les fruits de notre labeur ainsi détruits, sans pouvoir dire un mot, c'est un véritable crève-cœur.

En 1973, nous avons construit notre maison à côté de mes beaux-parents, notre village Phoum Deum Doung se situe par loin de la gare de Moung qui relie Battambang à Phnom Penh.

Mon mari décida d'abandonner ce terrain et cette maison et nous emménagions au village de Mong, où il enseignait dans l'école du centre bourg.

Et là, je suis enceinte de notre troisième enfant, Youthy.

Il est né le jeudi 14 juillet dans un hôpital, jour de la fête nationale.

Le 14 juillet n'est pas la fête nationale cambodgienne, mais bien française. À l'époque, où nous étions sous tutorat français, nous avions pris l'habitude de fêter cette date. Les combats des Khmers rouges contre le pouvoir qui est en place, le pouvoir qui a renversé le régime royal bat son plein, mais on célèbre quand même la Fête nationale.

Lors de ce bon Sethikmonous, mon beau-père a décidé de donner le prénom de Youthy à notre troisième fils, pour que cela sonne avec « Sethikmonous ».

La guerre se fait de plus en plus intense et s'installe dans la durée.

Dans ce tumulte général, je tombe enceinte de notre quatrième enfant.

À cette époque, il n'y a plus d'hôpital, tout est détruit par la guerre civile, j'ai donc accouché à la maison, une sage-femme a été dépêchée, et ce fut une fille cette fois, Vittheavy.

Dès sa naissance, ma fille est malade, avec mon mari, nous sommes désemparés, nous ne savons plus quoi faire, d'autant plus qu'avec cette maudite guerre tout manque.

Nous avons fini par refaire venir la sage-femme qui est aussi diseuse de bonne aventure.

Elle a fait tout un rituel, a observé notre fille… Pour finir, elle nous dit que notre fille ne veut pas de ce prénom, nous devons lui en trouver un autre.

Elle nous propose Sokha, un prénom mixte, qui veut dire être heureux et en bonne santé.

Ce que nous fîmes, et après cette décision, ma fille n'est plus malade du tout…

Mon mari, qui est loin de toutes ces croyances, a fini par se rendre à l'évidence !

Pendant ce temps, les Khmers rouges gagnent du terrain, ils remportent tous les combats contre les armées de l'intérieur.

Ma fille a pratiquement un an, quand les Khmers rouges envahissent et gagnent complètement la ville de Mong.

Mon mari décide de nous mettre à l'abri à Battambang, pensant que nous serions plus en sécurité.

Il se dit qu'en cas de difficulté, c'est plus facile pour lui de fuir en étant seul que tous ensemble.

Comme la situation devient de plus en plus difficile et dangereuse, il nous a rejoints aussi à Battambang. Mais la vie est de plus en plus compliquée.

L'argent se dévalue à une grande vitesse, le riel ne valait plus rien.

Son salaire de plus de vingt mille riels suffisait à peine à acheter un sac de riz !

Comme les Khmers rouges sont de plus en plus présents, ils ferment les écoles les unes après les autres. Par conséquent, mon mari n'a plus de travail, et plus de salaire non plus. Il n'est plus titulaire, mais ils remplacent les enseignants absents dans les écoles encore ouvertes.

Au début, j'ai loué une maison à côté de ma belle-sœur.

Pour essayer de survivre, j'essaie de trouver de l'argent en vendant du dessert, et mon mari a emprunté les pousse-pousse de l'entreprise de son frère, pour travailler le soir après les cours et ainsi avoir un complément de revenus.

Il finit par acheter un pousse-pousse et un vélo, avec l'argent que je gagnais en vendant les gâteaux, les desserts, on arrivait à peu près à se nourrir jour après jour.

Plus tard, il est annoncé que les professeurs devaient aller vivre avec leur famille dans l'enceinte de l'école Saur Heu.

L'école est fermée, les enfants n'ont plus le droit d'aller à l'école. Nous allons donc vivre dans cette école. Ce jour-là, le 16 messa (16 avril), j'avais préparé une salade de tripes.

D'habitude, je vends tout ce que je prépare, et ce jour-là, je n'ai réussi à vendre qu'une seule portion.

Il n'y a plus personne pour acheter quoi que ce soit.

J'ai donc partagé ma salade de tripes avec toutes les familles des professeurs qui vivent avec nous.

Le 17 messa 1975 (17 avril 1975), les Khmers rouges ont gagné la guerre. Les soldats, sous le régime du républicain Lon Nol, qu'on nommait « soldats de l'intérieur », ont abandonné et déposé leurs armes.

Il y a des tas d'armes posées deçà delà, partout dans les rues.

Les Khmers rouges sont heureux, euphoriques. Ils dansent, ils chantent, ils passent de la musique de Sin Sisamuth et des chanteuses célèbres de l'époque.

Ensuite, des chansons en vogue appréciées de tous, ils sont passés à leurs chansons traditionnelles et patriotiques toute la nuit.

La population est mitigée entre partager leur joie ou bien s'effrayer de cette victoire… Elle se sent rassurée à l'idée que cette guerre, ces crises économiques successives, arrivent à leurs fins, mais en même temps, elles ne savent pas vers quoi elles vont avec ces nouveaux conquérants. Les gens espèrent enfin une sortie de crise, une libération des influences américaines, une vie nouvelle…

Le lendemain matin, ils convoquent toute la population à une réunion à côté de Wat Pror Phet derrière l'école où nous logeons.

Ils annoncent au micro : « Nous avons gagné la guerre pour notre roi, dès demain notre bon roi va rentrer au pays et tout rentrera de nouveau dans l'ordre. Demain, nous invitons toutes les personnes instruites, les généraux, les médecins, les hauts gradés, à faire honneur à notre roi, préparez-vous tous à aller chercher et à recevoir notre bon roi ».

En entendant cela, le peuple est heureux, il crie victoire et dépose les armes dans la joie et l'allégresse.

Le lendemain, tous se préparent à accueillir, et célébrer le retour, de notre bon roi.

Il y a des couples de jeunes mariés, des gens du monde, riches, bien éduqués et cultivés. Des camions entiers sont mis à leur disposition pour les amener jusqu'au roi.

De l'école, je les observe. Cela a démarré très tôt dans la matinée, dès 8 h du matin. Avant de faire monter les gens dans les camions, ils sont examinés de la tête au pied.

On note leurs noms dans des registres, on les compte et on les débarrasse de tous leurs bijoux et parements, bracelets, colliers, il ne pouvait pas même garder une montre.

Je les regarde, et je trouve curieuse toute cette procédure pour aller accueillir le roi.

Plus je les observe, plus je les trouve bizarres, plus je me pose de questions sur leur façon de faire et plus j'ai la peur qui me prend au ventre pour ces gens qu'on emporte.

De plus, les soldats qui sont venus les chercher ont vraiment une sale tête.

Ils ont un air sévère, aucune joie, aucune bonhomie, aucune bienveillance.

Pour un événement aussi heureux, cela ne se voit pas sur leur visage !

Je me demande bien ce qu'ils vont faire de ces gens, et où ils les conduisent, dépouillés de tout…

Les camions partent, puis reviennent, rechargent. Tout ce remue-ménage a duré jusqu'à onze heures du soir.

Il y a plus de dix-huit camions militaires de l'armée américaine, de type GMC.

Ils sont tous bondés, remplis jusqu'à ras bord.

Drôle de façon de faire pour aller accueillir le roi…

Vers onze heures du soir, mon mari est venu me chercher pour aller au lit.

Je les observe, mais en même temps je tremble de peur.

Quand je quitte ma fenêtre, ce n'est toujours pas fini.

Il y a encore beaucoup de monde qui attend leur tour pour monter dans les camions.

Il y a vraiment des gens de tout niveau, des soldats, des gradés, des représentants de l'ancien pouvoir.

Ils en ont transporté du monde, mais où et pourquoi ? Les questions sont multiples, mais les réponses, je préfère ne pas y penser.

En réalité, ils les emmenaient pour les abattre les uns après les autres au niveau de Toul Kror Sain à 25 km de Battambang, et personne n'en avait rien su.

Le lendemain matin, ils annoncent au micro que maintenant c'était au tour des professeurs.

Une réunion est prévue à l'école Heap Cut, le collège au niveau du rond-point avec la tête de lion, sur la route en direction de la ville de Mong.

Mon mari assiste à la réunion avec tous les autres professeurs. La réunion commença à sept heures du matin. Lors de la première réunion, une connaissance m'a murmuré à l'oreille qu'il est inutile désormais de garder de l'argent sur soi, il faut tout liquider pendant que c'est encore possible et acheter toutes les denrées nécessaires pour se nourrir, bientôt cela ne vaudra plus rien.

En attendant le retour de mon mari, j'en ai profité pour liquider le reste de notre argent pour acheter deux sacs de riz, du sucre, du sel, du glutamate, des médicaments en guise de stock.

Lors de cette réunion, ils annoncent au micro que tous les citadins, Cambodgiens, Chinois, Vietnamiens, tous sans exception, doivent absolument quitter la province de Battambang avant 48 heures en direction de la campagne et pourront revenir dans quelques jours, le temps que Angka nettoie la ville.

Les gens partirent très rapidement avec très peu d'affaires, car ils espéraient revenir dans quelques jours.

Ceux qui avaient compris la situation partaient avec tout ce qu'ils pouvaient emporter.

Mais la joie fut de courte durée, à environ 20 km de Battambang, l'autorité des Khmers rouges annonça que les gens devaient abandonner tous les moyens de locomotion à moteur, seules les charrettes tirées par les bœufs étaient autorisées, car il n'y avait pas d'essence à la campagne.

Si après 48 heures, ils trouvaient encore du monde dans les villes, ils les extermineraient tous.

Aucune résistance, aucune rébellion ne serait tolérée.

Ils se montraient là sous leur vrai visage, et mettaient en place leur véritable politique.

Pris de panique, les gens se préparent et désertent les villes de toute urgence.

Ceux qui ont une voiture partent avec, ceux qui ont une moto avec remorque, également, d'autres avec leur charrette, avec tout ce qu'ils pouvaient transporter.

Quant à moi, je guette le retour de mon mari, qui ne rentre pas comme les autres.

Je l'attends, je fais les cent pas, je suis vraiment très inquiète de ne pas le voir revenir.

Les militaires étaient transportés dans des camions à part, ils n'allaient pas accueillir le roi, on les conduisait du côté de Ho Pourng Man.

Il y a des soldats qui veulent tellement aller accueillir le roi, qu'ils se font passer pour des hauts gradés, d'autres, plus suspicieux, préfèrent se mêler au peuple et partir vers la campagne.

Il se trouve que les soldats qui partirent vers Ho Pourng Man avaient survécu, alors que tous ceux qui étaient allés accueillir le roi furent tous portés disparus. Durant cette attente, j'avais vu passer une femme de soldat qui avait perdu son mari, elle était avec ses enfants, elle pleurait, car ils commençaient à manquer de nourriture.

Elle avait beaucoup d'argent, mais cela ne servait plus à rien, plus personne n'en voulait, il n'y avait plus rien à vendre, ni à acheter, plus de marché, plus de vivre.

Je leur partageais alors un peu de mon stock.

J'avais redistribué pratiquement tout un sac de riz.

Ils me faisaient de la peine, et de toute façon, on n'aurait pas pu transporter les deux sacs de riz, alors autant en faire profiter. Finalement comme mon stock avait diminué de moitié, j'avais refusé aux autres, leur disant que je n'en avais plus, car j'avais besoin d'en garder pour ma famille. Je ne savais même pas combien de temps on pouvait tenir avec ce qui me restait et surtout ce qui nous attendait après.

Tout à coup, vers midi, j'aperçois mon mari qui rentre avec son pousse-pousse.

Je suis heureuse et soulagée de le voir enfin revenir et lui demande pourquoi il a mis autant de temps pour rentrer. Il m'a répondu « Oh, ma chérie, je suis heureux de te retrouver enfin, j'ai cru que jamais je ne vous reverrai toi et les enfants. Après la réunion, je suis parti chez mon frère pour récupérer une motocyclette pour pouvoir transporter les affaires, les soldats me soupçonnèrent de vouloir voler les pousse-pousse, m'ont interpellé et gardé en détention. Ils étaient sur le point de me tuer quand par chance, une voisine est passée par là, elle a témoigné et certifié que j'étais bien le frère du propriétaire des pousse-pousse.

« Om Tit est déjà parti avec sa famille avant, car ils nous ont donné rendez-vous sur la route vers Ho Dam Bong. Et d'un coup, je ne sais pas pourquoi, ils m'ont laissée partir ».

Une seconde de plus et je n'étais plus là.

Quand j'entends cela, j'ai la tête qui tourne, et je manque de m'évanouir.

Mais je suis heureuse qu'il soit revenu de cette réunion. Toute la journée, j'ai eu peur.

J'étais angoissée à l'idée que cela puisse être comme pour les autres qu'ils avaient emportés pour accueillir le roi. Nous nous préparons alors à nous exiler aussi vers la campagne.

Nous avons chargé tout ce que nous pouvions dans la remorque de la motocyclette, ainsi que Youthy et Sokha qui étaient encore petits, et qui ne marchaient pas bien encore.

Heureusement, Thareth et Tharo sont bien vaillants, ils peuvent suivre à pied.

Nous partons à Ho Dam Bang, chez une des tantes de mon mari.

Sa tante était contente de nous voir : « Par contre, ta femme a les cheveux trop longs ».

À peine arrivés, elle me saisit le bras, m'emmena et me coupa les cheveux très courts.

Elle nous explique qu'ils viennent d'éliminer quatre ou cinq femmes qui avaient des cheveux longs.

Ils les tuent, car pour eux ce ne sont que des prostituées et qu'elles ne seront pas utiles au Parti.

Elles ne méritent pas de vivre…

Nous sommes restés trois jours chez elle.

Une nouvelle annonce est tombée, ils font le tour du village avec leur voiture et disent au micro que toutes les familles qui arrivent de la ville et qui sont hébergées dans leur famille doivent impérativement les quitter pour aller vers Reang Kasei.

Si les gens sur place tentent de cacher et de garder qui que ce soit chez eux, ils les tueront tous sans exception. Nous partons alors pour Reang Kasei.

Nous ne devons plus utiliser les engins à moteur, c'est interdit.

Om Tit a réussi à acheter une charrette et 2 vaches, des couteaux, et les outils nécessaires pour travailler à la campagne.

Il a donné pratiquement tout son argent, mais grâce à cette charrette nous avons réussi à transporter nos affaires et ainsi avoir un matériel pour travailler dans les rizières.

Alors, sa tante nous a emportés dans sa charrette tirée par les vaches.

À ce moment-là, chacun avait ses animaux, elles n'étaient pas encore réquisitionnées pour le Parti.

Arrivés sur place, nous avons commencé à construire un abri pour dormir.

Comme il me reste des médicaments, j'en ai donné aux gens, en échange ils nous aident à couper du bois et des feuilles pour construire une hutte et un couchage pour nous deux et nos quatre enfants.

Avec l'aide des autres, nous avons pu construire assez rapidement un logis dans lequel nous pouvons tous nous allonger.

Le lendemain, il y avait encore une réunion, où l'on nous demande d'avouer notre métier avant leur arrivée. Nous devions dire la vérité, car s'ils découvraient plus tard que nous avons menti, ils extermineraient toute la famille.

Du coup, personne n'osait mentir ou dissimuler son ancienne fonction.

Il y a Bang Orn (un ancien camarade de classe de mon mari) dans notre section, comme il n'est pas d'ici, personne ne le connaît, personne ne sait quelle était son ancienne fonction.

Il leur dit qu'il est commerçant.

Mon mari est connu ici, donc, il ne peut pas mentir, alors il leur dit qu'il est enseignant.

Et ceux qui avaient avoué qu'ils étaient pilotes, ou bien qu'ils étaient gradés, la nuit même ils avaient disparu.

Ils nous disent qu'ils ont besoin d'eux pour une mission très particulière, alors qu'en réalité ils sont tout simplement éliminés.

Là-bas, au début, il n'y a rien à manger. J'y ai rencontré une de mes belles-sœurs, elle a l'équivalent d'un sac de riz de billet. Elle m'en a donné la moitié. Il y a une dame qui vend des gâteaux de banane au riz gluant à 500 riels pièce. Il n'y a que ça à vendre, donc nous avons mangé ces gâteaux jusqu'à ce que j'ai dépensé tout l'argent que ma belle-sœur m'avait donné. Il lui restait encore beaucoup d'argent, elle avait réussi à acheter deux vaches pour 100 000 riels, plus une charrette. Elle avait de la chance que dans les campagnes, ils n'étaient pas au courant que l'argent ne valait plus rien.

Nous nous installons tous ensemble à Reang Kasei, l'aîné de mon mari, le second et mon mari et leur famille. Les frères de mon mari étaient relativement aisés. Ils avaient beaucoup d'argent et d'or qu'ils avaient réussi à conserver.

Ils bâtissent des huttes pour leur famille. Avec mon mari, nous avons coupé du bois et nous avons à peine de quoi nous bâtir un petit abri pour nous six. Mais nous étions entourés de ses frères.

À l'époque, la vie était encore possible, on pouvait encore faire du troc pour se nourrir, le régime n'était pas complètement rigide.

Comme j'ai stocké un peu de sucre, du glutamate et des médicaments, je peux les échanger contre de la nourriture : du riz, de la noix de coco, des légumes.

La vie s'organise peu à peu.

À l'orée de l'année 1976, je suis enceinte, une nouvelle fois, de ma dernière fille. Je vais travailler bien que je suis malade, car tous les jours on nous répète que les fainéants, les malades, ou ceux qui font semblant d'être malades ne sont pas des gens utiles pour la patrie.

Qu'ils soient là ou pas cela ne change rien pour le Parti. Nous travaillons d'arrache-pied pour le Parti, mon mari et moi, aucune plainte.

Nous faisons tout pour ne pas nous faire remarquer.

Mais à sept mois de grossesse, je ne pouvais plus creuser la terre.

Le bébé descendait de plus en plus bas, je ne pouvais plus me baisser. Par conséquent, j'avais demandé au responsable du camp de pouvoir m'arrêter.

À l'époque, nous étions organisés par camp avec un responsable et chaque camp avait une gestion indépendante.

On se prenait en charge et on s'organisait en fonction des disponibilités de chacun.

Tout le monde jurait obéissance au régime de l'Angkar.

De toute façon, on ne pouvait pas faire autrement, car à l'inverse on nous éliminait.

Mais en cette période, c'était encore tranquille !

La vie s'organisait, à condition que tout le monde se plie aux règles de l'Angkar, tout se passait bien.

Mon chef de camp a accepté que j'arrête de travailler. Mais je ne reste pas à ne rien faire pour autant.

Avec mon fils aîné, Tharo, il avait sept ou huit ans, nous sillonnons les villages pour essayer de trouver de la nourriture afin de compléter nos besoins journaliers, car les rations alimentaires qu'on nous distribuait étaient très minimes.

Nous faisons un peu de troc de riz, nous cueillons des légumes. Nous allons pêcher des poissons, des crabes, des anguilles, chasser les rats des champs.

Mon fils déteste les rats, ils sont sa phobie.

Néanmoins, pendant ma grossesse, il me faut un peu de viande pour le bébé.

Mon fils a réussi à attraper un énorme rat.

Avec mon mari, ils l'ont préparé en cachette, ils l'ont fait cuire, il était bien grillé, bien doré, bien appétissant.

Et pour que je le mange, ils m'ont fait croire que c'est une cuisse de poulet.

Je me doutais bien que ce n'était pas du poulet, mais à l'époque je devais prendre sur moi, et je faisais beaucoup d'effort pour cet enfant que je portais.

J'avais réussi à manger une moitié de cuisse, et le reste, je le laissais à mes enfants qui adoraient la viande, surtout mon troisième, Youthy.

Il y en avait à foison, on ramenait un gros seau tous les jours.

En ce temps-là, chacun était assez libre de faire ce qu'il voulait pour nourrir sa famille, à partir du moment où on travaillait bien pour l'Angkar.

On devait creuser, créer les rizières, travailler pour rendre notre Parti prospère.

Tout devait être parfait, symétrique.

Les rizières devaient être de taille identique.

Je faisais du troc jusqu'au terme de ma grossesse.

Je commençais à saigner un peu, j'avais demandé à mon mari de m'emmener à l'hôpital de Ho Dam Bang.

Ils nous ont annoncé au micro que le nouvel hôpital était prêt à recevoir des patients, et qu'en cas de besoin on devait se rendre là-bas.

Nous nous y rendons à pied, à mi-chemin, les douleurs sont de plus en plus régulières et je commence à perdre les eaux.

Nous pressons alors le pas.

Arrivés à l'hôpital dans la soirée, le docteur Ran, qui m'examine, nous informe que l'accouchement n'est pas pour tout de suite.

« Si vous avez mal, prenez votre mal en patience, ne cherchez pas à pousser, car il n'arrivera pas avant trois heures du matin. Effectivement, j'ai souffert et patienté de six heures du soir à trois heures du matin. »

Et à trois heures du matin, j'avais complètement perdu les eaux, on m'a dit : poussez ! et tout de suite ma cinquième fille est arrivée.

Tout s'est passé correctement hormis l'attente qui a été longue et douloureuse.

L'arrivée de ma fille a procuré beaucoup de joie aux sages-femmes de l'Angkar.

Elles l'ont vécu comme un événement heureux, comme une gloire…

Elle était le premier bébé à être né là et elles avaient inauguré l'hôpital.

Les femmes l'ont prénommée Sokcheat, cela veut dire : « Tu amèneras la paix dans ton pays ».

Ils étaient tous heureux, car ils disaient « en voilà une de plus pour travailler à notre cause », et elle se battra à nos côtés, une vraie patriote !

Nous étions très bien traitées.

On nous donnait à manger à volonté.

Les femmes nous préparaient du porc au caramel à profusion, des poissons en conserves.

Je me disais en moi même que ce prénom, même si c'étaient les Khmers rouges qui l'avaient choisi… Eh bien, elles nous avaient tellement gâtées, elles étaient tellement enthousiastes, elles avaient tellement bien pris soin de nous que ma fille porterait bien ce prénom.

Et nous avons gardé ce prénom jusqu'à aujourd'hui. Nous sommes restés sept jours à l'hôpital.

Cela faisait du bien. J'étais vraiment revigorée.

Le jour où nous devons quitter l'hôpital, mon mari est venu nous chercher, et nous rentrons, à pied, chez nous avec notre nouvelle petite fille.

Ma fille avait à peine quinze jours, on nous annonça au micro que les nouveaux peuples de Reang Kasei peuvent être intégrés avec les anciens peuples à Ho Sror Lao.

Nous devions tous déménager vers Ho Sror Lao.

Ce n'était pas compliqué de déménager, nous n'avions pas beaucoup d'affaires : juste trois petites couvertures pour nous six, une natte pliable en quatre, qui était en lambeaux et qui nous servait de matelas pour tous.

Arrivés à Ho Sror Lao, les gens nous toisaient du regard. Ils n'appréciaient guère de voir arriver dans leur village d'ex- « gens de la ville ».

Pour eux, les anciens peuples de la ville étaient tous des parias.

Surtout moi, quand ils me regardaient, ils me trouvaient tellement maigre, ils disaient : « étant donné sa taille, même si elle marchait sur une crotte de poule, elle ne pourrait même pas l'écraser ».

Ils disaient que je ne leur servirais à rien.

Je représenterai un poids pour eux plus qu'une aide pour leurs tâches quotidiennes.

Ils ne me voulaient pas dans leur communauté, car ils pensaient que je ne pourrais pas être productive dans les champs.

Pour eux, je ne serais bonne à rien, je leur coûterais plus en nourriture, et ils ne voulaient pas devoir travailler pour me nourrir inutilement.

Je ne disais rien, je ne répondais pas à leurs remarques désobligeantes, j'avais trop peur.

Je ravalais ma fierté et ne me justifiais sous aucun prétexte.

Par contre tout ce qu'ils me demandaient de faire, je le faisais vite et bien.

J'essayais de remplir toutes mes tâches pour n'être pas éliminée, car si je ne servais à rien comme ils le disaient, ils n'hésiteraient pas à me supprimer.

Après quelque temps, la cheffe de section admettait que je travaillais plutôt vite et bien, elle me faisait même des compliments sur mon efficacité et ma rapidité lors de la réunion hebdomadaire.

Au début, ils m'ordonnèrent d'aller aider en cuisine, à éplucher les légumes, préparer les repas. C'était relativement bien, car je pouvais y aller avec ma fille. Quand elle avait faim, je la mettais au sein et je pouvais continuer à travailler.

Quand ma fille a eu un mois, je dus la confier aux anciennes et j'allais travailler la terre pour faire le potager.

Je devais creuser avec des pelles, des pioches, faire des tranchées pour les plantations, monter des supports pour les futures plantes grimpantes.

Une fois qu'on eut tout planté, il fallait arroser.

Pour l'arrosage des plantations, nous avions une barre en bois sur laquelle on accrochait un seau d'eau à chaque extrémité pour créer un équilibre.

Je portais la barre sur mon épaule et un seau d'environ vingt litres de chaque côté.

Je devais porter quatre-vingts barres le matin et quatre-vingts barres l'après-midi (plus de six tonnes quatre cents dans la journée).

Et je le faisais comme tout le monde.

Quant à mon mari, après sa journée de travail pour le Parti, il ne restait jamais à la maison, il allait toujours nous pêcher des poissons, ce qui nous permettait de manger chaque jour.

Il avait toujours été très habile à la pêche, depuis qu'il était tout jeune, pêcher au filet était une de ses passions et il était vraiment doué.

Il pouvait rester en apnée pendant plusieurs minutes.

Comme ils l'avaient remarqué, ils lui donnaient pour mission de pêcher pour toute la communauté.

Et je pouvais l'accompagner et l'aider, et donc j'étais toujours avec lui.

La pêche était toujours fructueuse et il réussissait toujours à dissimuler un poisson ou deux pour nous.

Un jour, en allant à la pêche, nous avons découvert un corps, un homme s'est suicidé chez lui, il a avalé de l'entrine, un poison.

À Ho Sror Lao, nous sommes divisés en petits groupes, mon mari s'occupe de la pêche, moi des jardins potagers, Tharo et Thareth travaillent en arrière-front, réservé aux enfants âgés de 13 à 25 ans, célibataires, pour réaliser des routes et des digues de rizières.

Et ma fille Sokha, qui a à peine 2 ans et demi, s'occupe à ramasser les grains de riz tombés lors de la moisson ou à emmener les engrais naturels, type excréments de vaches. Chacun de nous doit travailler pour mériter sa ration alimentaire quotidienne qui consiste en un bol de soupe de riz. Dans le bol, il y a beaucoup d'eau et quelques grains de riz.

En cette période, le régime se montre encore clément. La vie est assez facile, on arrive à se nourrir, à améliorer nos rations avec des petites astuces comme la pêche, la chasse ou la cueillette des légumes sauvages.

Dieu merci, notre pays est un pays de providence, la terre y est tellement fertile, le climat tellement propice que tout pousse allègrement. On peut se nourrir uniquement des dons de la nature.

Le régime nous a donné un petit lopin de terre de dix mètres de long et cinq mètres de large. Ils nous annoncent au micro que chacun pouvait y construire sa cabane et s'il nous reste de la terre, nous pouvons y faire des plantations pour les besoins de notre famille. C'est presque bien encore, car le régime est assez souple et généreux.

Nous avons droit à une journée de repos par semaine, mais je ne me repose pas.

J'en profite pour faire des plantations : du tabac pour mon mari, des fruits et des légumes.

Chaque parcelle de terre est exploitée et cultivée.

Le travail est harassant, mais je suis heureuse, heureuse de me dire que mes enfants et mon mari ont de quoi se nourrir avec tous ces fruits et légumes que j'ai plantés.

Je reprends espoir d'une vie meilleure.

Nous pouvons enfin de nouveau subvenir à nos propres besoins, retrouver une certaine indépendance alimentaire. Nous n'avons pas de grands besoins, juste la possibilité de donner à manger suffisamment à nos enfants à chaque repas.

Avec ce don, nous pouvons enfin retrouver une certaine joie de vivre.

C'est l'aubaine, la vie peut-elle reprendre un cours à peu près normal ?

J'y mets beaucoup de plaisir, de joie, de cœur et de satisfaction à mon ouvrage.

Mais le bonheur fut de courte durée…

Toutes nos plantations sont surveillées tous les jours. Les soldats de l'Angkar viennent inspecter quotidiennement nos arbres fruitiers, nos légumes et toutes nos plantations.

Une fois que les fruits sont mûrs, les légumes bons à manger, prêts à être récoltés, l'Angkar fait une annonce au micro, nous convoquant tous à une réunion.

Réunion au cours de laquelle on nous informe qu'il nous est interdit de récolter nos fruits et légumes individuellement.

Toute notre récolte doit être mise en commun pour sa consommation personnelle.

Quiconque ose cueillir un fruit de notre arbre pour notre consommation personnelle sera abattu comme un traître envers la communauté.

De nouveau, la déception est palpable, on s'est bien fait rouler.

Ensuite, ils viennent récolter tous nos fruits et légumes et se les partagent entre eux.

Ils en mangent devant nous en les savourant pour nous narguer encore plus.

Nous qui avons travaillé d'arrache-pied, nous qui avons passé tout notre temps libre à creuser la terre, planter nos fruits et légumes, arroser, donner des soins sans compter nos efforts et notre temps, nous ne pouvons que les regarder s'empiffrer, profiter avec délectation de tout notre labeur en riant.

Nous ne pouvons pas protester sous peine de représailles.

Nous ne pouvons même pas goûter un de ces jolis fruits. Ils pillent tout, ne nous laissent rien et pour finir saccagent tout le verger et le potager pour s'assurer qu'il ne nous reste rien.

La saison passée, la nouvelle arrive, et là pour la seconde fois, ils annoncent au micro que cette fois-ci ils ne feront pas comme la fois dernière.

La dernière fois, il y a des familles qui n'ont pas travaillé, mais qui ont quand même pu profiter des récoltes des autres.

Cette fois, cela sera différent. Seules les familles qui auront travaillé pourront profiter de leur récolte. Les autres n'auront rien du tout.

Un nouvel espoir est né.

J'y travaille de nouveau d'arrache-pied, mais cette fois, je ne me ferai pas abuser comme la dernière fois.

Je plante uniquement ce qui est nécessaire à notre survie : des patates.

Et dès que je peux récolter, je le fais tout en laissant un bout de plante dépasser de la terre de façon à ce qu'ils ne se rendent compte de rien.

Au fur et à mesure, je fais ma cueillette en toute discrétion, nourrissant ainsi en cachette ma famille.

Je n'attends pas qu'ils ramassent tout comme la fois précédente.

Je vais nourrir en priorité mes enfants et mon mari.

Je me doute bien qu'au moment de la récolte, ils nous feront la même annonce.

Et ce qui devait arriver arriva !

Dès que les fruits et légumes sont prêts pour la récolte, une nouvelle annonce au micro, et toute la récolte doit partir pour la communauté.

Quand ils arrivent dans mon potager pour faire la cueillette, ils me reprochent que mes fruits et légumes ne soient pas aussi beaux et aussi gros que ceux de ma voisine.

Sa patate pèse plus de dix kilogrammes, et la mienne fait à peine 2 kilogrammes.

Je leur ai répondu : « Je ne comprends pas ce qui s'est passé. Je travaille aussi durement et je mets autant d'engrais que ma voisine. Je ne sais pas pourquoi ils sont plus petits ».

En réalité, j'ai déjà fait une récolte, celles-ci représentent les nouvelles pousses.

Heureusement pour nous qu'ils n'y connaissent rien. Dans le cas contraire, ils auraient tué toute la famille pour traîtrise envers l'Angkar.

Je ressens comme un sentiment de victoire, de satisfaction d'avoir pu les berner sans qu'ils s'en aperçoivent et surtout d'avoir pu nourrir ma famille.

Après la récolte, ils annoncent de nouveau que nous devons recommencer les plantations, mais ne cherchent plus à mentir.

Nous devons le faire, c'est notre devoir envers l'Angkar.

Puis, ils nous obligent à déménager de nouveau, nous restons dans le même camp, mais allons plus au nord (Phnom mook, Phnom kraouil).

Cette fois, ils exigent de moi que je trouve des légumes, ou je dois couper le blé.

À cet endroit, en guise de ration alimentaire, on nous distribue du riz, mais comme il n'y a plus d'eau dans les jars, on m'envoie en chercher au niveau du puits à côté de Reang Kasei.

Là-bas, ils ont creusé un nouveau puits, comme il a bien plu, je leur confirme qu'il doit y en avoir beaucoup. Je m'y rends.

Sur place, j'aperçois deux corps, deux hommes, pas très jeunes, ni vieux non plus. Ils se débattent dans l'eau du puits, complètement ensanglantés.

Il y a du sang partout, autour du puits, dans le puits. Même l'eau est rouge de sang.

Ils m'interpellent et me supplient en disant : « Mère, aide-moi ! »

Durant le régime de l'Angkar, les jeunes appelaient toutes les femmes plus âgées qu'eux « Mère ».

À leur vue, je me sens glacée, pétrifiée. Je prends mes jambes à mon cou et j'accours, complètement apeurée vers mes compagnons de travail.

Je leur raconte à l'oreille ce que j'ai vu, d'un coup plus personne n'a soif.

Tous se remettent au travail, et il leur tarde qu'une chose, ce fût d'être au soir, pour pouvoir rentrer chez eux et retrouver les leurs.

Je suis en train de couper le blé du côté du chemin de fer d'est en ouest, quand soudain, derrière celui-ci, j'entrevois des soldats, ils tenaient deux hommes par le bras.

Ils partent du côté est, ne semblent pas me voir.

Discrètement, du coin de l'œil, je les observe.

Je les vois aller derrière le chemin de fer avec les deux hommes, puis j'aperçois d'autres soldats en train de couper les feuilles de banane.

C'est étrange, je ne comprends pas ce qui se trame… Je suis interloquée…

Il y a les deux soldats avec les deux hommes puis trois autres soldats derrière, qui suivent et qui coupent les feuilles de banane… Mais pour faire quoi ?

Qu'est-ce qu'ils sont en train de faire aux deux hommes ?

Je les surveille en cachette, curieuse de voir ce qui se prépare.

Quelques instants plus tard, je vois les soldats ressortir tous ensemble avec quelque chose empaqueté dans les feuilles de banane. Le sang coule à flots.

J'en ai la chair de poule, je me demande bien qui ils ont encore tué ?

Désespérée, pétrifiée, je me pose un tas de questions. Je rumine sans cesse.

À compter de ce jour, je vis vraiment avec la peur au ventre, à qui le tour ?

L'angoisse commence à monter en moi, je n'ai plus du tout l'esprit tranquille.

Quand je rentre à la hutte, je tremble de peur, je pense à mon mari.

J'angoisse pour son sort, car lui aussi est enseignant.

Dès que je vois les soldats dans le camp, je tremble d'inquiétude.

Ils vont prendre mon mari, je n'arrête pas d'y penser. Cela devient une obsession.

Un jour, ils nous ont demandé, avec ma voisine Ha Pought, d'aller ramasser des légumes, plus exactement des liserons d'eau du côté de la Région n° 4. Nous, nous sommes à la région n° 3, de l'autre côté du chemin de fer.

Une fois que nous avons traversé le chemin de fer, nous apercevons une rizière remplie de liserons d'eau.

Nous sommes très enthousiastes et nous nous précipitons vers le lieu.

Arrivées à la hauteur de la rizière, nous tombons sur trois corps inertes dans l'eau.

Effrayées et abasourdies par cette vision d'horreur, nous rebroussons chemin en courant à en perdre haleine.

Nous avons rapporté à l'Angkar que nous n'avons pas trouvé de liserons d'eau.

En réalité, nous ne pouvons pas et nous n'avons pas réussi à les cueillir à cause des trois cadavres trouvés sur notre chemin.

La tête me tourne et me tourmente sans cesse.

Quelques jours plus tard, l'angoisse est telle que j'en tombe malade. J'ai la diarrhée, je vomis sans arrêt, et je n'arrive plus à tenir debout.

On me transporte alors à l'hôpital de Ho Dam Bang.

Le docteur Ran m'examine, informe mon mari que mon état de santé est très grave, qu'il n'y a aucun espoir de guérison.

Je suis à moins de six de tension, et ils ne disposent pas de matériel ni des médicaments nécessaires pour me soigner.

Par conséquent, je ne survivrai pas.

Mais ils m'ont quand même fait transporter à l'hôpital de Battambang, près de Wat Propheat, pour tenter de me soigner tout de même.

Arrivée à Battambang, je me sens tellement faible que je perds connaissance. Nos vies n'ont aucune valeur à leurs yeux. Sans chercher à en savoir davantage, me croyant morte, ils vont me brûler.

Ils m'ont entreposée avec les autres cadavres.

Il y avait beaucoup de morts à cette époque.

Quand les gens tombent malades, il n'y a rien pour les soigner, donc ils meurent et on les brûle. C'est aussi simple que ça.

Lorsque je fus avec les autres cadavres, je fis un rêve étrange.

Je suis en compagnie d'un oiseau blanc qui me fait des remontrances.

L'oiseau me dit : « Vous, madame, vous laissez trop faire à votre enfant, je vous demande d'interdire à votre fils Tharo de nous chasser et de nous tirer dessus avec son lance-pierre. Maintenant, dépêchez-vous de rentrer chez vous, et n'oubliez pas de lui dire de ne plus le faire. Pour cette fois-ci, je vous pardonne, mais s'il recommence, je ne vous donnerai pas une seconde chance. Maintenant, dépêchez-vous, dépêchez-vous, rentrez vite chez vous, partez maintenant dire à votre fils Tharo d'arrêter de nous chasser. »

Je cours et me dépêche de rentrer chez moi, me retourne vers l'oiseau quand je repris connaissance.

Quand j'ouvre les yeux, je me rends compte que je ne suis pas seule dans la pièce.

Je suis entourée de monde, ils sont tous allongés.

Quand je voulus les toucher pour leur parler, je sentis d'abord le tissu, et quand je passe la main sous le tissu, les gens sont glacials d'un côté comme de l'autre.

Je ne comprends rien, je me demande ce qui se passe et où je suis.

Comme je prends peur, je me mets à hurler : « Au secours, aidez-moi ! »

Les femmes qui travaillent à côté, m'entendent hurler, se précipitent vers moi.

Elles m'informent que j'ai eu beaucoup de chance, il ne reste plus que cinq personnes devant moi.

Deux minutes plus tard, et ils me brûlent vivante.

Je leur ai dit que j'ai fait un rêve et que à la suite de cela je me suis réveillée. Mais je ne leur ai pas raconté mon rêve.

Une fois revenue à moi, c'est une tout autre personne qui s'occupe de moi. Elle semble être d'origine soviétique.

Elle a le visage de type européen, mais parle chinois.

Il y a une interprète qui me permet de communiquer avec elle.

Elle me fait une transfusion sanguine, et me tend un grand verre rempli d'un jus très sucré et avec un goût délicieux et indéfinissable.

Je l'ai bu tout lentement, mais surtout je l'ai savouré avec délectation jusqu'à la dernière goutte.

Une fois le breuvage bu, ma tête ne bourdonne plus.

Je ressens mes forces revenir petit à petit et mon esprit s'éclaircir de plus en plus.

Je me sens à nouveau en forme.

Ce jour-là, je me sens de nouveau dégourdie. On m'a aussi donné du riz à manger, et aussitôt après le repas, je me suis sentie rétablie.

On nous a aussi projeté un film, il s'agit d'un reportage sur la vie des Chinois.

Nous sommes très nombreux à y assister.

Dans le reportage, nous pouvons voir de braves gens qui travaillent la terre.

Pour tirer les charrues, en lieu et place d'animaux, on y mettait des hommes, un devant et un derrière.

On nous explique qu'ils sont nos modèles à suivre. Les Chinois sont de braves gens qui travaillent dur.

Ils n'ont pas besoin d'animaux, ils comptent uniquement sur la force de leurs hommes et travaillent tous pour une seule et même cause, le Parti.

Nous devons nous imprégner de leur force, travailler comme eux pour servir l'Angkar. Ils en font toute une propagande. Je me sens trop fatiguée pour regarder le reportage jusqu'au bout, mes oreilles commencent à bourdonner de nouveau, je m'absente pour aller dormir.

Le lendemain, je reprends vraiment des forces, je peux remarcher correctement, sans aide.

Comme je me porte beaucoup mieux, on m'autorise à rentrer chez moi, retrouver ma famille.

Je compte rentrer seule à pied de Battambang à Ho Sror Lao en passant par Ho Dam Bang. Mais à Ho Dam Bang, le docteur Ran demande que je sois raccompagnée en voiture de Ho Mam Bang à Ho Sror Lao, car il y a des agents du service secret ou des soldats de l'Angkar qui doivent se rendre aussi à Ho sror Lao.

Mon mari est prévenu de mon rétablissement et de mon retour.

Il est tellement heureux, qu'il en perd ses moyens. Il fait aussi vite qu'il peut sur son vélo pour venir m'accueillir.

Il pédale tellement vite qu'il a dérapé et est tombé dans les fossés qui bordent la route. Il s'est même trompé de route. Il était tellement excité que rien ne pouvait le ralentir ou l'arrêter.

Les gens du village ne croient pas à mon rétablissement. Malade comme j'étais, personne ne veut croire que je puisse m'en sortir.

Même le docteur Ran n'en revient pas. Elle me dit qu'elle n'avait jamais vu personne se rétablir avec à peine six de tension, surtout en cette période de guerre civile où ils disposent de si peu de moyens pour soigner les gens.

Les villageois imaginent que je suis un fantôme qui revient les hanter.

Pour s'assurer que je sois bien vivante, ils veulent compter mes doigts, car vraisemblablement les fantômes n'ont que quatre doigts alors que nous les vivants nous en avons cinq.

Je leur montre mes doigts, j'en ai bien cinq.

Tous les voisins viennent vérifier mes cinq doigts de main et mes cinq doigts de pieds.

Ils m'enlacent avec tendresse et soulagement tous et finissent par admettre qu'on ne sait pas par quel miracle, mais j'y ai survécu et donc que je suis belle et bien encore en vie.

Ils me disent tous : « Quelle vie chère, quelle vie précieuse tu as pour avoir survécu ».

Les jours passent, et je me remets doucement de cette maladie.

Ma fille Sokcheat est âgée de quatre mois, quand ils nous ont annoncé que mon mari et ses deux frères doivent partir dans un autre camp pour travailler sur les champs de plantation de coton.

L'idée de nous séparer était insupportable.

Nous nous aimons tellement.

Mais nous n'avons pas le choix, nous devons accepter et faire avec. Je lui ai préparé tout le matériel nécessaire pour travailler dans la forêt : pelle, pioche, hache, une gourde pour l'eau, une casserole, une assiette, une cuillère, une fourchette.

Ils ont tout organisé et orchestré comme s'il s'agissait d'une véritable mission, d'un travail comme un autre.

À aucun moment, nous n'aurions pu deviner leur véritable intention.

Quant à moi, je prépare les affaires pour mon mari, mais dans mon esprit je ne suis pas tranquille.

Je n'arrête pas de penser à tous les cadavres que j'ai vus…

Je ressens comme un mauvais pressentiment…

Évidemment, il ne faut surtout rien exprimer ni faire ressentir quelque soupçon que ce soit.

Je demande à mon mari d'essayer de garder contact autant que faire se peut et avec les moyens qu'il trouvera.

Mon mari me dit que si tout va bien, il fera un trait simple à l'horizontale, par contre s'il y a danger, il me fera un signe comme celui de l'addition.

En ce temps-là, nous n'osons pas nous envoyer de messages, de toute façon nous n'avons pas intérêt au risque de nous faire tuer si on se fait prendre.

De plus, il ne faut surtout pas qu'ils sachent que nous savons lire et écrire, car ils éliminent toute personne instruite.

Quinze jours plus tard, je reçois un signe d'un trait simple pour dire que tout va bien pour lui, qu'il n'est pas en danger.

Je suppose qu'il cherche juste à me rassurer. Il nous aime tellement qu'il ne voulait surtout pas m'angoisser au risque que je retombe malade. Car sans lui, je suis seule pour m'occuper des enfants.

Quand j'eus reçu ce signe, je me suis sentie apaisée, je me rassure en me disant que je m'inquiète pour rien, et que mon mari est hors de danger, je retrouve alors mes esprits.

Je me sens, presque, heureuse. Quand je retrouve mes camarades de travail, je réussis à plaisanter, et même à rire, à retrouver une certaine joie de vivre.

J'ai enfin la tête plus légère, je me sens moins tracassée.

Je m'efforce alors de bien m'appliquer au travail, d'être irréprochable pour ne pas leur donner une excuse pour me faire des reproches ou même de me tuer.

Je me dois de rester en vie.

Du côté de mon mari tout se passe bien, si moi de mon côté tout se passe bien aussi, alors on finira par se retrouver, une fois qu'il aura achevé la mission qui lui avait été confiée.

J'essaie d'y croire, de m'accrocher à la vie en attendant son retour en espérant une vie meilleure.

Ma fille Sokcheat étant âgée de plus de quatre mois, je pouvais aller travailler plus loin de ma cabane.

Nous devons couper le riz, et ce jour-là, à la pause déjeuner, on nous amenait à manger, du riz, pour une fois, et non la soupe de riz comme d'habitude.

Comme la réserve d'eau est vide, je vais la chercher dans le puits tout nouvellement creusé par nos soins il y a peu de temps.

À mon arrivée, je me penche et j'aperçois des corps ensanglantés à l'intérieur.

Âgés d'à peine trente ans, ils rampaient avec peine de long en large, suppliant pour avoir de l'aide, m'interpellant : « Mère, aide-moi ». Ils étaient en sang, tout le puits était en sang.

Ils ne se contentent pas de tuer les gens, ils les blessent ou les mutilent et les laissent mourir dans d'atroces souffrances.

Je ne m'habitue pas à tant de cruauté !

J'ai tellement peur que je cours vers le campement sans l'eau. Je préviens mes autres camarades de la scène d'horreur et explique par la même occasion mon retour sans l'eau.

Tout le monde a peur, nous sommes terrorisés, mais les soldats qui nous surveillent ont bien compris ce qui nous agite également.

Ils nous disent que ce qui se passe dans ce puits ne nous concerne pas, c'est leur problème, nous n'avons pas à nous en mêler : « Beaucoup de travail vous attendent, alors mettez-vous-y au plus vite. Vous n'avez pas à vous mêler de ce qui ne vous regarde pas.

Vous devez uniquement vous occuper de vos tâches pour honorer ce que l'Angkar vous apporte et vous nourrit au quotidien ».

Le soir venu, l'incident est clos, nous rentrons tous chez nous.

Le lendemain, on m'a missionné, avec une camarade, pour aller ramasser les légumes pour la cuisine, car c'est la saison des liserons d'eau. C'est un légume qui pousse comme du chiendent, partout, quand le terrain s'y prête.

Nous avons traversé le chemin de fer, car on me dit que de l'autre côté du chemin de fer, il y en a partout. Une fois passé de l'autre côté du chemin de fer, j'avais vu je ne sais combien de corps qui étaient entreposés çà et là.

Abasourdies et prises de panique par la vision d'horreur, nous prenons nos jambes à notre cou, et sommes rentrées bredouilles, sans avoir pris le temps de cueillir les liserons d'eau ni quelques légumes que ce soit d'ailleurs.

Les cuisiniers, nous voyant revenir les mains vides, nous ont demandé ce qui s'est passé, pour quelles raisons nous n'avons rien ramassé ?

Nous leur avons raconté les horreurs que nous venons de voir, ils n'ont eu aucune réaction.

Ils nous ont juste demandé d'aller couper les choux, et pour le coup, cela serait encore la soupe de choux au repas.

Ensuite, on m'envoie dans l'équipe qui creuse les rigoles autour de la route.

En travaillant la terre, je tombe sur une bosse et au-dessus il y a plein de champignons.

Comme je ne les connais pas, je demande à ma camarade la plus proche ce qu'elle en pense, s'ils sont comestibles ou pas.

Cette dernière me répond qu'il ne faut surtout pas que j'y touche, car ils sont vénéneux.

Je m'en éloigne aussitôt.

Et à peine écartée, elles se sont toutes précipitées pour les cueillir tout en se moquant joyeusement de moi et de ma naïveté.

Je suis très vexée comme un pou, mais n'ose rien dire, car elle est ma cheffe.

Le lendemain, on m'envoie faire le même travail, mais un peu plus loin, et là, même bosse, mêmes champignons.

Cette fois-ci, je me tais et les dissimule, et dès que je me retrouve seule, je les ramasse tous et les apporte à ma belle-mère. À l'époque, elle était encore avec les enfants et moi.

Elle est vraiment contente et fière de ma trouvaille. Cette dernière me dit : « De toute façon, quels que soient les champignons, comestibles ou pas, tu me les apportes, je les cuirai avec du Kros mourn, c'est à dire de la cire pure, et il n'y aurait aucun problème. On pourra tous les consommer sans danger ».

Elle a cuisiné de la soupe avec, et nous avons, tous ensemble, pu profiter d'un bon repas.

Nous avons savouré ces champignons qui ont un goût extraordinaire.

De toute façon, à l'époque, on n'a pas grand-chose à manger, donc tout ce qui sort de l'ordinaire a une saveur extraordinaire !

Quelques jours plus tard, toutes les personnes qui sont parties avec mon mari reviennent, et moi, je n'ai plus aucune nouvelle de lui.

Je m'interroge et essaie par tous les moyens d'en avoir.

Je questionne discrètement les gens qui étaient en contact avec lui.

À force de questions, ils me répondent qu'il a été envoyé au lac de Kamping Pouy.

Et là, ils m'informent qu'ils ne l'ont jamais vu à Kamping Pouy.

Mais ils n'en disent pas plus.

Personne ne dit rien par ailleurs.

La vie continue son cours.

Le matin je vais travailler, mais je ne suis pas encore très inquiète, comme j'ai eu un message de lui il y a quinze jours de cela, je m'accroche à l'espoir qu'il se porte bien, qu'il fût juste missionné ailleurs.

Sur le chantier des routes, on doit creuser la terre et on fait des ornières, des rigoles.

On enlève la terre d'un côté et on la met de l'autre. On creuse une fosse de chaque côté de la route.

Ce jour-là, les gens sont plutôt d'humeur badine, ils racontent des blagues, des histoires drôles, ils miment des pièces de théâtre.

C'est vraiment très drôle.

Cela fait longtemps que je n'ai pas ri de bon cœur ainsi.

Au retour à la cabane pour la pause déjeuner, on nous distribue de la soupe de riz en guise de repas.

Dans leur soupe de riz, il y avait beaucoup d'eau et très peu de grains de riz, comme d'habitude !

À peine j'eus fini de manger qu'une dame assez âgée s'approche de moi et me demande de l'accompagner pour faire pipi, car elle dit avoir peur d'y aller toute seule.

Je l'accompagne.

Elle m'emmène loin, très loin des autres.

Elle regarde partout autour de nous pour s'assurer de n'être ni vue ni entendue par personne d'autre que moi, puis elle me dit : « Ma fille, ne cherche plus à demander des nouvelles de ton mari, si tu veux vivre. Il est inutile d'attendre après lui ou de demander où il est à qui que ce soit. Ton mari a été tué depuis longtemps maintenant. Ne parle plus de lui, sinon, ils vont te tuer aussi. »

Quand j'appris la nouvelle, mes idées se sont embrouillées et je me suis évanouie.

À mon réveil, je me retrouve à côté de chez un ancien enseignant qui travaille pour l'Angkar.

Je continue à pleurer et ce dernier vient auprès de moi en me mettant sa main sur ma bouche et me dit d'arrêter de pleurer : « Il faut penser aux enfants, ils sont encore jeunes, si tu meurs aussi, qui s'occupera de tes enfants ? Tu penses que l'Angkar le fera comme tu le souhaites ? »

Je m'évanouis à nouveau.

Je me sentis tellement bien ce jour-là.

En fait, tous les gens du village savaient pour mon mari, mais personne n'a rien dit, ou n'ose rien me dire ! Car ils ont peur de ma réaction. Ils appréhendent ma peine, veulent éviter que je crie, que je pleure, que j'exprime ma douleur au risque de me faire tuer et ainsi que mes enfants.

Je suis passée de moments de rire, de joie à des chagrins intenses, un désespoir insurmontable.

Ma vie n'a plus de sens, je ne veux plus vivre, je veux mourir, j'ai perdu tout espoir.

Tout n'est plus que peur, tristesse et angoisse.

Je ne vois plus d'avenir possible !

Je ne reverrai plus jamais mon mari, je ne pourrai même pas faire son deuil, même pas récupérer son corps.

Je ne peux même pas exprimer mon chagrin.

Ils l'ont assassiné comme une bête venimeuse, comme ils ont fait aux autres.

Comment l'ont-ils tué, l'ont-ils laissé souffrir jusqu'au dernier souffle, a-t-il agonisé longtemps ? Tout tourne en boucle dans ma tête.

Quand je reviens à moi et que je me réveille, je prends conscience qu'on m'a ramené à proximité de ma cabane.

À peine j'eus ouvert les yeux que j'ai une main qui me ferme la bouche.

Ils me chuchotent à l'oreille que je ne dois pas crier, qu'il faut que je reprenne mes esprits si je veux vivre et si je souhaite que mes enfants survivent.

Je ne dois plus jamais prononcer son nom ni parler de lui au risque de me faire tuer moi aussi. La situation me paraissait horrible et mon chagrin insurmontable.

J'en étais malade d'horreur.

Je n'ai plus personne, pas de parents, ni frères, ni sœurs autour de moi.

Ma belle-mère, à soixante-dix ans, et une de mes belles-sœurs ont été envoyées à Prey Aneam pour nettoyer des poissons, car les pêcheurs débordés par leurs prises ont besoin de main-d'œuvre.

« Vous vous rendez compte, à soixante-dix ans ! »

À ce moment-là, je ne savais pas, mais en réalité, ils ne les ont pas emmenées pour travailler, mais pour les éliminer.

Il y a aussi la petite sœur de mon mari, Mi Lay, elle aussi a disparu, ainsi que la famille qui vivait à côté de ma belle-mère.

Le mari et la femme préparent des repas tous les jours, ils travaillent dur pour l'Angkar, sous prétexte qu'ils parlaient avec un accent vietnamien, car ils étaient d'originaire Kampuchea Krom, ils étaient des traîtres à abattre.

Les Khmers rouges ont exécuté toute la famille, mari, femme, enfant. L'enfant de douze ans est emmené après les parents, le pauvre, il était complètement hagard, on lui disait qu'il devait rejoindre ses parents.

Depuis la nouvelle, je ne suis plus que l'ombre de moi-même, je n'arrive plus à me lever pour aller travailler.

Quelqu'un passe à proximité de ma hutte et dit tout haut – « Attention à celle qui fait semblant d'être malade pour ne pas avoir à accomplir ses tâches quotidiennes pour la communauté, si on te découvre tu vas passer sous la pioche toi aussi ».

Quelle importance !

Je ne veux plus vivre.

Je n'arrive plus à réfléchir, je ne peux plus penser. Ma tête est prête à exploser.

Je veux me tuer pour ne pas leur laisser le plaisir de faire : « Mais que vont devenir mes enfants ? Qui va s'occuper d'eux ? Tuer tous mes enfants, mais comment ? De quelle manière pouvais-je les tuer, par quel moyen ? Aurais-je le courage de les tuer ? »

Je ne sais plus quoi faire !

Je suis dans une telle impasse, une telle tristesse, un tel désespoir !

Vivre pourquoi, pour qui ? Pour quelle vie ?

Quelle vie pourrons-nous avoir maintenant ?

Avons-nous intérêt à vivre, à survivre ?

Je ne comprends plus rien, je n'arrive plus à réfléchir, ma tête va exploser !

Les villageois tentent aussi de me raisonner : « Tu n'as pas le droit de te laisser aller, il faut que tu sauves tes enfants, pense à eux, ils sont si jeunes, tu ne peux pas les laisser. »

La nuit venue, j'enroule une feuille de noix de coco et je l'allume pour avoir un peu de lumière et regarder mes enfants.

Je les observe, un par un.

Ils dorment tous les cinq si paisiblement, ils sont si nombreux, si jeunes, si petits, si mignons, si innocents.

Je ne pourrai jamais les tuer de mes propres mains, je n'aurai jamais été capable de le faire même si c'est pour les sauver de leurs griffes.

Puisque je n'aurai jamais le cœur à les tuer, alors personne ne pourra ou ne devra le faire.

« Ils sont le fruit de notre amour, ils sont tout ce qui me reste de l'homme de ma vie, alors ils doivent vivre et surtout je dois vivre pour eux coûte que coûte ! »

Je me suis juré que jamais je ne baisserai les bras, je les conduirai à la vie pour mon mari, pour sauver ce qui reste de notre amour.

Je prendrai soin d'eux, je les sauverai en l'honneur de mon mari, j'en fais le serment !

Mon mari et notre amour survivront à travers eux, ils ne me les prendront pas !

Pour mon cher époux, nous devrons tous survivre.

J'ai pris la décision de les préserver de ce malheur, de leur taire cette terrible nouvelle.

Viendra le temps où ils devront l'apprendre, ou pas !

Trois jours après, ils ont envoyé des gens pour m'espionner, pour voir si je garde toujours le lit.

Quand j'ouvre les yeux, je vois des traces de pas au-dessus de ma tête, ils sont venus voir si je suis toujours malade.

Ils épient pour voir si je pleure, si je me plains.

Comme je sais que maintenant ils sont à l'affût de la moindre erreur pour me tuer aussi, alors je ne fais rien.

Je ne pleure plus. Je ne montre aucun signe de tristesse.

Plus aucune larme, plus aucune plainte ne sort de ma bouche.

Je m'efforce de me lever et d'aller travailler comme tout le monde tous les jours.

J'ai le cœur serré, la tête vide de toute envie, le cœur rempli de tristesse. Mais je prends mon courage à deux mains, je me surpasse, je dépasse ma douleur, mes peines, mes angoisses, mes craintes, mon dégoût quant à cette communauté pour continuer à travailler sans relâche pour eux, pour les nourrir.

Chaque minute, je répète que je dois tenir le coup si je veux respecter le serment fait à mon défunt mari et à mes enfants.

De plus, à présent, je crains qu'ils s'en prennent à nos enfants.

Un mois plus tard, ils annoncent au micro que je dois aller vivre avec mes enfants dans la maison des veuves. Ils ont construit un grand bâtiment pour loger les soldats handicapés et les veuves comme moi avec les enfants. Ce n'est que provisoire, disent-ils, en attendant que…

En attendant quoi, je le sais, mais je suis les instructions, sans mot dire, sans aucune plainte.

L'Angkar veut que nous creusions des étangs, il faut en creuser…

Tous les jours, après la journée de travail dans les rizières, il faut utiliser le temps restant pour créer des étangs, avec uniquement des lumières des lampes à pétrole au clair de lune.

On doit excaver des étangs de 10 mètres x 20 mètres. On nous réunit pour nous informer que lorsque nous aurons fini de creuser ces étangs, nous devrions préparer des pâtes pour faire la soupe de poisson cambodgienne, le Num banh chok.

Cette soupe de poisson est une soupe traditionnelle pour les Cambodgiens.

Elle est signe de fêtes en tout genre. On la prépare pour célébrer un mariage, une naissance, pour chaque grand événement dans une famille, dans un village pour un moment de partage, de communion ou de commémoration en famille ou entre villageois.

On nous dit qu'on allait inaugurer ces étangs et cela devra être très festif.

L'Angkar parle de cultiver des plantes pour fabriquer des matelas, les bambous pour construire des maisons plus solides.

Ils nous disent aussi qu'ils vont faire venir l'électricité…

Bref, que le modernisme va arriver dans toutes nos maisons, de la joie, du confort…

Ils font des annonces de ce type tout le temps, à longueur de journée.

Moi, je les écoute et je finis par les croire.

Je nourris et je garde l'espoir de revoir mon mari, je n'arrive pas à croire qu'il est mort, je ne voulais plus croire qu'il était mort.

J'ai besoin d'espérer que tout allait s'arranger, que la vie allait reprendre son cours normal, que je retrouverai mon mari, mes enfants, et que nous profiterons ensemble de tout ce confort, de ce modernisme qui allait arriver, je veux vraiment y croire !

Je cultive à fond une attitude positive, me persuade d'un renouveau, d'une nouvelle vie, d'un avenir possible…

Je me suis tellement pleine d'espoir que je n'ai pas perçu ce qui se tramait, ce qu'ils préparaient en réalité.

Ce qui se cache véritablement derrière ces propos progressistes et encourageants.

Lorsque je vais travailler à la rizière, j'ai cousu des poches à l'intérieur de ma culotte, en bas des fesses pour être sûre qu'ils ne le trouvent pas.

J'essaie de voler tous les jours un peu de riz pour nourrir mes enfants.

Ils me font de la peine, surtout mon troisième Youthy.

Depuis la migration à la campagne, la prise du pouvoir des Khmers rouges, il est tombé malade, car il souffre de malnutrition.

Il a le ventre gonflé, la peau jaunâtre, même certains partisans des Khmers rouges avaient pitié de lui. Certains se montrent plus indulgents envers lui et d'autres un peu moins.

Mes enfants sont tellement maigres, ils n'ont que la peau sur les os, car en guise de repas, ils ont seulement de l'eau de la soupe de riz.

C'est pour cela que je tente de trouver des compléments. Un jour, je ne sais pas si quelqu'un m'a dénoncée ou juste par simple précaution, ils m'ont suivie.

Je sais qu'ils me pistent depuis quelques jours et me soupçonnent de voler du riz.

J'en ai mis un peu dans ma jupe et un peu dans la poche de ma culotte.

Comme je sais qu'ils me suivent, je passe par un autre chemin pour aller ramasser quelques crabes.

À l'approche de chez moi, ils m'interceptent tout de même.

Ils ont trouvé le riz caché dans ma jupe et dans le kramar qui entourait ma tête, mais pas celui dans ma culotte.

Ils ont exigé que je rapporte le riz à l'entrepôt, et me donnent un avertissement.

La prochaine fois, me menacent-ils, si j'ai le malheur de recommencer, ils séviront très sévèrement. Ils me tueront, ne serait-ce que pour un grain de riz volé !

Je jure de ne plus recommencer !

Depuis ce jour, je n'ose plus rien voler, je ne tente plus rien dans la journée.

Par contre, à la tombée de la nuit, une fois que tout le monde dort, je pars pêcher en rampant en bordure de rizière, des chemins, des rigoles.

J'ai une petite moustiquaire qu'on avait distribuée à mon mari, avant l'arrivée des Khmers rouges, au temps où il faisait partie de la police.

À l'époque, durant ses missions de surveillance, il dormait à l'air libre, l'état leur avait distribué une moustiquaire pour se protéger contre les insectes.

Au Cambodge, il y a beaucoup d'insectes, et certaines piqûres peuvent être mortelles, du coup on ne plaisante pas avec ça, la moustiquaire est un outil de survie.

La nuit, je vais discrètement dans les rivières les plus proches, et je pêche tout ce que je peux trouver.

Lors de mes sorties nocturnes, je pus voir des atrocités sans nom.

Des cadavres éventrés avec soit du sel, soit de la paille en lieu et place des viscères. Des cadavres, il y en avait partout, quasiment dans toutes les rivières.

Ils ne s'en cachent plus du tout, ils exterminent, torturent à la vue de tous. Et personne ne doit avoir une quelconque réaction.

Par ailleurs, les cadavres font tellement partie de notre quotidien que je n'en ai plus peur, je ne pleure plus à leur vue, je ne m'angoisse plus.

Ce qui compte c'est la survie de mes enfants, notre survie à tous. Nous devons vivre dans l'espoir de retrouver mon mari un jour et reformer une famille unie.

C'est tout ce qui compte, c'est mon moteur, c'est ce qui me permet de rester debout !

À cette époque, on nous donne très peu à manger, mais nous devons nous contenter des rations données par l'Angkar.

L'Angkar donne la ration alimentaire en fonction du travail fourni.

Étant donné que mon fils, le troisième, Youthy, est très malade, il ne peut pas travailler.

Par conséquent, sa ration quotidienne est composée uniquement d'eau de la soupe de riz avec à peine trois grains de riz.

Forcément, il est encore plus malade, puisqu'il souffre de sous-alimentation.

Je cherche évidemment tous les moyens pour essayer de le nourrir un peu plus.

Comme je n'ai pas le droit de leur donner plus que la ration fournie par l'Angkar, toute la nourriture que je trouve dans la nuit, je dois la faire cuire sans que personne ne se rende compte de rien.

Notre chance est que le soir, j'ai pour habitude de préparer des décoctions médicamenteuses à base de citronnelle, de plantes diverses et variées qui ont un parfum assez fort.

Ainsi je peux en profiter pour cuire les crevettes, les crabes, les poissons ou les tortues, personne ne sent ces effluves.

Ils sentent juste l'odeur des plantes.

Un soir, mon voisin me propose d'aller pêcher dans la rivière juste devant la maison d'un des soldats.

C'est très risqué, mais il y a beaucoup de poissons à cet endroit-là.

On avait attrapé deux beaux poissons que nous avons partagés.

Ce soir-là, je suis en train de faire cuire le gros poisson, quand une camarade Angkar, qui fait partie de la police secrète, passe devant ma hutte et me dit : « Vous ne dormez pas encore, camarade ? Il se fait tard, vous allez être fatiguée demain et vous ne serez pas efficace au travail ! »

Je lui ai répondu : « Je ne dors pas encore, car mon fils est malade, je suis en train de lui faire une décoction ! »

Mais en réalité, j'étais en train de faire cuire le poisson. Une fois le poisson cuit, je le donne à manger à mes enfants.

Pour cacher le riz, j'ai creusé un trou, au fond duquel j'ai mis un sac de jute et ai concassé à l'aide d'un gros pilon pour transformer le grain en riz prêt à être consommé.

Lorsque tout est cuit, dans le noir, je les réveille et les appelle par leur prénom. Chacun à leur tour, ils ouvrent la bouche et je leur donne à manger. Une fois, j'ai même trouvé une tortue !

Si je ne faisais pas cela, jamais ils n'auraient assez de force pour continuer, surtout Youthy, qui a si peu à manger tous les jours. Et un jour, un dimanche plus exactement, l'Angkar me convoque à une réunion. Ils me disent : « Ne vous inquiétez pas, l'Angkar va bien s'occuper de tous vos enfants, on va bien prendre soin d'eux ».

En fait, cela fait quelques jours qu'ils m'ont séparée de trois de mes enfants. Tharo et Thareth, les deux plus grands sont placés dans un groupe d'enfants de leur âge. Leur travail consiste à creuser la terre pour faire des digues et des tranchées.

Sokha est placée dans un autre groupe de son âge. Son travail consiste à nettoyer les rizières des cailloux et des bouts de bois. Elle n'est pas la seule à le faire, tous les enfants de son âge doivent faire ce travail pour avoir sa ration alimentaire. Elle doit avoir deux ans et demi.

Ils font également de la propagande pour leur faire un lavage de cerveau.

Dans leur volonté de former « l'homme nouveau », les enfants doivent percevoir tous les autres comme des ennemis.

Leurs patriotes étaient les membres de l'Angkar, les autres, les parents, les frères et sœurs, sont soit des nuisibles qu'il faut éliminer s'ils ne sont pas assez productifs, ou alors des ennemis, qu'il faut aussi éliminer.

De temps en temps, ils permettent aux enfants de rentrer chez leurs parents pour tester l'efficacité de leur endoctrinement.

Si les enfants dénoncent ou insultent les parents ou leurs proches, cela veut dire que leur éducation a bien fonctionné, donc ils les équipent d'une arme et les enrôlent dans leur milice.

Ils deviennent des soldats, des combattants.

Il ne reste à ma charge que Youthy et Sokcheat qui est encore un bébé, elle a à peine six mois.

Pour nourrir Youthy, j'essaie de trouver ce que je peux, des têtards, des grenouilles, toute source de protéines et de calcium.

Comme Youthy résiste et ne meurt pas malgré sa maladie, et sa faible ration alimentaire, ils me soupçonnent de lui donner plus que la ration fournie par l'Angkar.

Les soldats viennent inspecter ma hutte.

Ils fouillent partout, inspectent dans tous les coins et recoins pour voir si je cache de la nourriture ou du sel. Ils sont vraiment sans cœur et sans âme !

Ce qu'ils souhaitent, c'est que mon fils Youthy meurt au plus vite, car même s'ils ne lui donnent que l'eau de la soupe de riz, cela représente tout de même une ration alimentaire pour un inutile.

Un malade est un poids pour la communauté, un paria. Mais je suis bien plus maline qu'eux, car je réussis à dissimuler quand même du sel et de la nourriture.

Je cache le sel dans le bambou, le bambou que je mets contre le mur de la hutte.

Je l'ai placé de sorte que personne n'y fasse pas attention.

C'est ainsi que je peux continuer à l'alimenter tant bien que mal.

Un jour, j'ai laissé mon fils dormir dans le hamac, et je vais travailler tout près de notre hutte.

Comme Youthy souffre de malnutrition, il est tout enflé, il ressemble à un têtard et il est très pâle.

Un voisin passe à côté de ma hutte, a vu mon fils, croyant qu'il est mort, il a couru me prévenir.

Arrivée sur lui, je l'ai sorti du hamac, serré très fort dans mes bras, en pleurant. Cela l'a réveillé, et il m'a demandé : « Pourquoi tu pleures, maman ? »

Et là, je suis passée de pleurs à larmes de joie, comme une folle, mon fils dort simplement !

Un dimanche, encore une réunion…

Lors de cette réunion, ils m'ont dit que je ne dois plus penser aux traîtres, je dois les abandonner, les oublier.

Si je pense encore à eux, si je garde encore des souvenirs de ces traîtres, c'est parce que moi aussi je suis une traîtresse.

Comme ils doivent éliminer tous les traîtres, et tous ceux qui pensent encore aux traîtres, par conséquent ils seront dans l'obligation de m'éliminer aussi.

Puis, ils m'annoncent que pour m'aider à oublier les traîtres, je dois épouser un soldat de l'Angkar. Un soldat qui s'est battu pour la patrie. Ce dernier est handicapé, il ne lui reste qu'une jambe. De plus, je le trouve affreusement laid.

Je n'éprouve que du dégoût pour cette personne.

Dans ma tête, je préfère encore mourir plutôt que de l'épouser.

Je suis tellement horrifiée par cette idée, que plus rien n'a d'importance, même la mort ne me fait pas peur.

Je me sens à bout de force, à bout de tout, je ne réfléchis plus. En fait, je suis même heureuse à l'idée qu'ils me tuent.

Et s'ils peuvent faire de même pour mes enfants, nous aurons été libérés de tout ce malheur.

Quand ils m'ont demandé de l'épouser, j'ai répondu que je ne souhaite pas me marier.

Je veux juste rester seule, je ne désire pas d'époux.

« Ne cherchez pas à aller à l'encontre de l'Angkar, camarade », me dit-on !

« Si jamais vous épousez un homme autre que celui choisi pour vous par Angkar, vous serez punie pour trahison ».

Je leur ai répondu que je ne cherche pas à défier Angkar, je ne souhaite pas un autre époux, c'est tout.

Ils m'ont fait accompagner par cinq jeunes soldats au bord de la rivière.

À cet endroit, il y a déjà des cadavres qui sont en train de sécher. Cela fait des mois qu'ils ont été tués.

À ce moment précis, je ne ressens plus rien, ni peur, ni angoisse, même les cadavres ne m'effraient plus.

Ils m'ont attachée à un arbre et ils me disent : « Vous avez désobéi à l'Angkar Camarade mère, par conséquent l'Angkar doit vous punir. »

Je leur ai répondu : « Je le sais camarade, vous pouvez me mettre aux travaux forcés, vous pourriez me punir, me faire tout ce que vous souhaitez, vous pourriez me demander de faire tout ce que vous voulez, je le ferai, mais jamais je n'épouserai personne. »

« Jamais de toute votre vie vous ne vous remarierez ? » me demandent-ils.

« Jamais camarade ! » répondis-je.

À ce moment-là, il doit être vers 19 h, un tout jeune soldat s'approche de nous, un fusil à l'épaule.

Il doit être âgé d'à peine 13 ans, il est vraiment très jeune.

Il leur dit quelque chose à l'oreille, et les cinq soldats présents pour m'exécuter m'abandonnent et suivent le jeune soldat.

Ils sont tous partis, me laissant plantée là, attachée à l'arbre.

Je pense qu'ils s'éloignent pour mieux me fusiller. Attachée à cet arbre, je n'ose pas bouger. Je reste là et j'attends.

Je ne cherche même pas à fuir, de toute façon, maintenant qu'ils ont décidé de m'éliminer, cela ne sert à rien de fuir.

Quand bien même, fuir pour aller où ? Ils me retrouveront de toute façon.

Ils peuvent faire ce qu'ils veulent de nous, nous n'avons aucun recours, aucune porte de sortie, aucune solution, aucune aide, aucune défense.

J'ai prié tous ceux que je pouvais prier ce jour-là.

J'ai attendu toute la nuit et toute la journée du lendemain.

Vers huit heures du soir, comme personne ne revient, je rentre chez moi.

En fait depuis ce jour, personne ne revient me chercher ou n'essaie de me marier avec qui que ce soit !

Ils m'annoncent juste que je dois aller rejoindre mon mari pour travailler dans les plantations de coton.

Pour les enfants, je ne dois pas m'inquiéter, car l'Angkar s'en occupera.

De toute façon, je ne peux rien dire de plus, au point où j'en suis !

Ils ont décidé de me tuer aussi, donc que je dise oui ou que je dise non, cela ne change strictement rien, ils me tueront de toute façon.

Je n'ai d'autre choix que d'acquiescer. Nous étions dimanche, et je dois partir le jeudi suivant.

Il y a trois groupes de douze personnes, et une cheffe à la tête de chaque groupe.

Le mari d'une des femmes était pilote ; une autre, son mari était un haut fonctionnaire du roi ; moi, j'étais femme d'enseignant.

En réalité, toutes les femmes de cette expédition sont les épouses dont les maris, comme le mien, ont été envoyés plus tôt et éliminés depuis longtemps.

Maintenant c'est à notre tour.

Toutes ces femmes doivent partir, dans notre campement, nous sommes trente-six, mais il y en a aussi dans d'autres campements.

La fuite du Cambodge, début 1979

Mardi dans la soirée, alors que je m'assoupis dans la cabane, à peine je ferme les yeux, j'aperçus mon mari qui me touche le bout du gros orteil.

Il me tire le pied.

Il me dit : « Réveille-toi ma chérie, l'armée vietnamienne est entrée en guerre contre les Khmers rouges, ils ont envahi le pays, ils arrivent !

Tu dois récupérer nos enfants et fuir ! »

Quand j'ai entendu mon mari, je me réveille en sursaut, me précipite en bas pour aller à sa rencontre.

Je le cherche partout dans la cabane et alentour.

Je l'ai vu, je l'ai vu en chair et en os. Je ne l'ai pas rêvé !

Je pleure et le cherche partout.

J'en parle à mes voisins les plus proches, je leur rapporte son message, et leur demande de m'aider à le trouver.

C'est une nuit de pleine lune, on y voit très clair pratiquement comme en plein jour, mais personne ne trouve mon mari nulle part. Il n'y a personne.

Quelques instants plus tard, je vois les soldats qui rassemblent leurs affaires, ils sont tous paniqués. Ils s'enfuient en tous sens.

On entend des tonnerres de tirs et d'explosions partout dans le pays.

Toute la ville de Ho Sror Lao en tremble.

Cela a réveillé tout le monde, adultes et enfants, tellement c'est fracassant !

On entend des avions et les bombes qui éclatent. Les Vietnamiens bombardent Battambang, ainsi que Wat Sang Ke, l'endroit où les munitions étaient stockées a explosé. Très vite, Battambang est sous le contrôle militaire des troupes vietnamiennes.

Ho Sror Lao et Battambang sont assez proches, et l'on entend tout.

Nous sommes complètement désorientés et terrorisés.

Tous les voisins essaient de communiquer à travers les murs fins des huttes pour tenter de comprendre ce qui se passe, de s'organiser et de s'aider. Nous sommes tous ensemble, nous pleurons tous, mais n'osons pas sortir de nos cabanes.

Dehors, on entend les soldats qui s'affairent. Nous avons entendu au haut-parleur que la réserve de munitions du campement a été bombardée, par conséquent, il n'y a plus moyen de se défendre, ils se préparent tous à prendre la fuite.

Dans la nuit, toute la milice est partie.

Au petit matin, il n'y a plus personne, pas un seul soldat dans les rues, ils ont tous déserté.

La plupart des habitants ont pris la fuite en direction de Battambang, la grande ville la plus proche, ou en direction du Vietnam.

Ce matin-là, je me ronge les sangs pour mes trois autres enfants. Je ne sais pas où ils sont, ce qu'ils font, s'ils sont à l'abri ou pas, s'ils sont morts, vivants ? Je n'en ai aucune idée !

Dans le village, j'ai l'impression qu'il ne reste plus que moi et mes deux petits. Je pleure toute seule dans ma hutte.

Je prie, je prie tout ce que je peux prier, tous les dieux, tous les ancêtres : « Qu'on me ramène mes enfants et qu'il ne leur arrive rien. Qu'on me les ramène sains et saufs ! »

Les rares villageois encore présents profitent de ce désordre pour faire un peu de réserves en riz et en sel avant de prendre la fuite.

Ils m'invitent à en faire autant. Je leur réponds que je ne peux aller nulle part tant que je n'ai pas tous mes enfants.

Notre hutte est le seul endroit qui soit connu de tous mes enfants.

Je ne bouge nulle part tant qu'ils ne sont pas revenus.

Je pleure, je prie, quand tout à coup, vers sept heures du matin, j'aperçois Tharo et Thareth qui approchent vers la cabane. Et puis, un instant après, je vois Sokha qui revient aussi.

Elle a la tête entourée d'un kramar et tient un petit paquet de riz cuit dans les mains.

Je me sens tellement soulagée et heureuse d'avoir enfin tous mes enfants autour de moi que je ne sais plus par où commencer pour prendre la fuite.

Je suis complètement perturbée, affolée et stressée. J'attrape une passoire pour prendre un peu de riz en guise de réserve pour notre fuite.

Une fois que j'ai soulevé la passoire pour la mettre sur la tête, tout le riz est passé par les petits trous, il ne reste plus rien.

Évidemment, cela ne peut en être autrement !

C'est la panique, car les gens se sont servis de tout ce dont ils ont besoin, forcément.

Étant la dernière à partir, il ne me reste plus rien, plus aucun contenant pour mettre un peu de riz pour notre fuite.

Néanmoins, il nous reste notre petite couverture, j'enveloppe tout le riz que je peux dedans et le pose sur ma tête.

Dans les seaux avec la barre de bambou, la palanche, j'essaie d'emporter le minimum pour notre survie et nous prenons la fuite nous aussi.

Une fois dehors, je me rends compte qu'il reste deux ou trois familles qui ne souhaitent pas prendre la fuite.

Ils veulent rester au village.

Arrivés au niveau de la salle commune, quelques personnes s'affairent encore à préparer le riz pour la fuite. On nous invite à attendre un peu, car le riz est presque prêt. Comme cela nous en aurons un peu pour notre périple.

Mais comme nous sommes déjà surchargés, moi j'ai le paquet de riz sur la tête, la palanche sur l'épaule et un seau de chaque côté de la palanche.

Dans un seau, j'y mets ma fille Sokcheat et dans l'autre, j'ai réussi à loger des assiettes, des ustensiles trop lourds à porter pour mes enfants. Et je porte mon fils Youthy sur ma hanche.

Tharo porte les couvertures, les moustiquaires et les coussins sur la tête. Thareth, lui, porte sur la tête aussi la casserole de riz et de soupe.

Ils ont également les bras bien chargés…

Seule Sokha avait les mains libres. Elle porte l'assiette de riz des deux mains. Nous avons à peine fait quelques pas, elle a trébuché sur une racine d'arbre, est tombée et a laissé échapper l'assiette de riz qui s'est renversée sur la terre.

Nous avons essayé de ramasser et de récupérer ce qui reste, mais n'avons pu sauver grand-chose. Comme il était déjà onze heures et demie du matin, nous en avons profité pour faire une pause et dégusté le peu de riz qui reste avant qu'un nouvel incident puisse se produire, nous privant ainsi de ce bon riz bien cuit.

Une ou deux bouchées chacun, histoire de calmer un peu notre faim.

Durant la fuite, les autres familles avançaient très vite.

Quant à nous, moi, avec Youthy dans les bras, Sokcheat dans un seau, nous n'avançons pas aussi vite qu'eux.

Nous étions tous chargés comme des ânes. Je me sens complètement épuisée. À l'époque, je pesais à peine 37 kg. Nous avançons à notre rythme, nous passons de rizière en rizière.

Étant donné que je n'arrive plus à avancer, chargée comme je suis, je laisse Youthy avec Thareth, j'avance avec Sokcheat et Tharo. Je les pose de l'autre côté de la rizière, je reviens sur mes pas chercher Youthy et Thareth et ainsi de suite.

Forcément, je ne peux pas m'aligner au rythme des autres fuyards.

Youthy, conscient que je suis complètement épuisée, me dit : « Maman, allez, fuyez sans moi, laissez-moi ici, de toute façon je ne survivrai pas. Alors, ne perds pas ton temps et ton énergie pour moi, laisse-moi ici, essayez de vous sauver. Je vous retarde trop, s'il te plaît, maman, laisse-moi ici et fuyez tant que vous le pouvez encore ! » Comment pourrai-je faire ça, mon Dieu ? Comment aurais-je pu l'abandonner, c'est impossible ?

Soit on s'en sort tous ensemble, soit nous mourrons tous ensemble.

Il est hors de question de l'abandonner ici tout seul !

Je me suis organisée comme ça sur tout le trajet.

Tout à coup, j'aperçus au loin, venant de Reang kasei, toute une armée de Khmers rouges qui tirent sur les fuyards. Ils les fusillent comme s'il s'agit d'ennemis dangereux.

Ils les tuent tous sans exception.

Dès que je prends conscience qu'ils viennent dans ma direction et que si nous continuons notre chemin, nous ne leur échapperons pas, je distingue une petite hutte toute proche de nous, la cheminée est encore toute fumante.

Les propriétaires ne doivent pas l'avoir quitté depuis si longtemps.

J'y installe mes enfants et toutes nos affaires à l'intérieur comme s'il s'agissait de notre cabanon.

J'y disperse nos habits et mets une casserole de riz sur le feu. Je fais comme si nous avons toujours vécu ici et que nous n'avons aucune intention de partir.

Le riz commence à peine à bouillir quand des soldats entrent dans la cabane.

Je pense que ces soldats sont de Reang Kasei, car je ne les reconnais pas.

Heureusement que ce ne sont pas des soldats de Ho Sror Lao, car ils m'auraient reconnue et aussitôt fusillée.

Ils sont une dizaine à pointer leur fusil tout autour de ma tête.

Ils me disent que nous sommes des traîtres et nous accusent de vouloir prendre la fuite pour rejoindre les Vietnamiens.

Je leur dis que ce n'est pas vrai, que nous habitons dans cette hutte, et nous n'avons aucune intention de fuir.

Je leur raconte n'importe quoi et tout ce qui me vient à l'esprit.

Je leur dis : « Regardez-moi, regardez-nous, je suis seule, j'ai cinq enfants en bas âge, dont un qui est malade et qui ne peut même pas marcher. Comment voulez-vous que je parte ? Pourquoi voulez-vous que je fuie mon pays, mes compatriotes ? Et pour aller où, avec les Vietnamiens, nos ennemis de toujours ? J'ai trop peur des Vietnamiens. Mes parents me racontaient que les Vietnamiens ne sont que des sauvages et des gens remplis de haine et de cruauté ».

Je les ai suppliés, je n'arrête pas de parler, je tremble de peur, je pleure.

Au bout d'un moment, ils regardent tout autour d'eux, semblent me croire et ils disparaissent aussi vite qu'ils sont arrivés.

Ils avancent et je les entends tirer sur les gens comme s'il s'agit d'un jeu.

« Je ne sais pas combien de personnes ils ont tuées sur leur chemin, mais ils tiraient sans arrêt ».

J'ai eu tellement peur, je serre mes enfants dans mes bras, nous pleurons et nous patientons jusqu'à ce qu'ils s'éloignent.

Nous attendons complètement apeurés jusqu'à ce que nous ne les entendons plus.

Une fois qu'ils sont hors de portée, je réunis mes enfants, rassemble toutes nos affaires, puis nous sommes revenus sur nos pas, et nous nous installons de nouveau dans la hutte à Ho Sror Lao.

Une fois rentrés chez nous, avec mon fils aîné Tharo, nous allons récupérer du riz.

Nous transportons les sacs comme nous pouvons, et nous essayons d'en transporter le plus possible.

Je porte un sac sur la tête et un de chaque côté du seau au bout de ma palanche.

Et Tharo fait comme moi.

Un voisin, il fait partie des gens qui n'ont pas pris la fuite, et qui n'ont pas l'attention de fuir, nous a vus, nous a pris en pitié, est venu nous aider, car il a une charrette.

Nous avons pu aller plus vite, et transporté plus de riz. Une fois que nous avons nettoyé le riz, nous avons pu faire cinq sacs de riz.

Cela correspond aux sacs de vingt kilogrammes de riz que nous pouvons trouver aujourd'hui dans les boutiques.

Avec les autres familles, nous avons décidé de célébrer ces sacs de riz, et préparer la soupe de nouilles traditionnelle khmère.

Nous sommes satisfaits de notre travail et nous ressentons un peu de joie dans nos cœurs.

Nous avons rencontré Om Kheam, le fils adoptif de mon beau-père, le papa de Hourt qui vit aux États-Unis actuellement.

Nous sommes en train de ramasser du riz et pêcher des poissons, lorsque le soldat khmer rouge a tiré sur Om Kheam. Ce dernier est en train de travailler torse nu, et sa peau est blanche.

Pour les Khmers rouges, les gens qui ont la peau blanche sont forcément des Vietnamiens.

Il est tué sous nos yeux à tous.

Le lendemain, une jeune fille est passée, elle veut savoir si nous avons l'intention de partir vers Battambang, car ils sont tout un groupe avec des charrettes, et si nous souhaitons partir avec eux ils nous auront attendus pour nous emmener avec eux vers la frontière thaïlandaise.

Elle est venue me voir.

Fort heureusement, elle est tombée sur moi.

Elle me pose tout un tas de questions.

Elle me dit : « Comment se fait-il que vous soyez encore ici, vous n'allez pas rejoindre le Vietnam, tous nos camarades y sont partis. Il ne reste que vos trois familles, que faites-vous encore là, essayer de vous sauver auprès des Vietnamiens. »

Je lui ai répondu : « Vous savez Camarade, je ne souhaite pas rejoindre ces traîtres de Vietnamiens, qui sont nos ennemis depuis des générations ! J'ai peur d'eux, je souhaite rester dans mon pays, dans mon village, je préfère encore mourir avec mes compatriotes cambodgiens plutôt que d'aller rejoindre ces sauvages, jamais de la vie. »

Elle enchérit : « Vous dites vrai ? Vous êtes sûre de vous ? »

Je lui certifie que oui : « Je dis vraiment ce que je pense ! »

Elle m'a posé beaucoup de questions, un véritable interrogatoire sur mes intentions.

J'ai répondu à toutes ces questions et affirme plus que jamais mon intention de ne pas bouger de mon chez-moi.

Et par ailleurs, je lui montre que je viens de faire cinq sacs de riz.

Et simplement, je lui ai demandé à mon tour de quel village elle est, elle m'a répondu de Reang Kasei.

Et je lui demande ce qui nous vaut sa visite ?

Alors, elle me répond qu'elle aussi a trois sacs de blé à moudre.

Elle me demande si je peux lui prêter mon moulin, je lui ai répondu sans problème, avec plaisir !

Je lui indique qu'au centre de la communauté Angkar elle trouvera le moulin, et qu'il est en libre-service, et qu'elle peut en disposer à sa guise.

Elle m'a répondu qu'elle va chercher les sacs de blé et qu'elle revient dès que possible.

Et depuis, plus de nouvelle, plus de jeune fille.

En réalité, elle est une milicienne de l'Angkar, elle nous a espionnés, sondés pour voir si nous avons l'intention de fuir ou pas.

Je suis ensuite allée en parler à mes voisins, et je leur ai tout exposé de l'interrogatoire, de sorte que si cela arrive de nouveau, ils doivent se méfier.

Nous avons tous compris et en avons déduit que nous ne pouvons pas rester ici.

Les milices de l'Angkar sont encore très présentes, et si elles reviennent, cela sera pour nous emmener, voire pour nous exécuter !

Il faut vraiment tous partir, et partir dès cette nuit à la première lueur de la lune.

Nous avons à peine fini de préparer les nouilles, nous n'avons même pas eu le temps de préparer la bonne soupe qui accompagne les nouilles.

Mais étant donné que la nuit tombe assez tôt et que la première lueur de lune fit rapidement son apparition.

Il faut rassembler nos affaires et partir sur le champ. Nous avons à peine eu le temps de manger les nouilles avec la sauce de poisson, histoire d'avoir nos estomacs remplis.

Nous partons retrouver les autres familles.

Nous avons rendez-vous avec eux au niveau du petit pont, un peu plus en amont de notre cabane. Nous devons passer par des chemins et ponts secondaires, car sur les voies principales nous risquons de nous faire prendre.

Pour éviter de perdre du temps dans notre fuite vers Battambang, Youthy monte dans la charrette avec Pou Rong, et nous, nous devons marcher avec sa femme.

Le départ est prévu à minuit.

Il nous est impossible de prévenir les autres familles, car le temps presse et il faut être le plus discret possible.

Si nous sommes plus nombreux, nous risquons de nous faire remarquer.

Youthy avance rapidement avec mon voisin, Pou Rong.

C'est bien plus pratique pour prendre la fuite, et surtout il a chargé ses enfants et toutes ses affaires aussi. Ainsi nous pouvons avancer plus rapidement vers le point de rendez-vous.

Avec sa charrette, Pou Rong doit partir avant nous, il doit être dans la pénombre totale, avant que la lune ne nous éclaire, prenant ainsi le risque d'être repéré.

Du coup, j'ai eu très peur, car nous ne partons pas ensemble. Je crains qu'ils se fassent prendre et ne plus revoir mon enfant, alors je prie de nouveau le ciel, la terre, tous les Dieux pour qu'ils accompagnent et transporte cette charrette hors de danger.

Son épouse aussi priait, nous priions tous ensemble.

À la première lueur de la lune, nous avons enfin suffisamment de visibilité pour avancer.

Nous prenons la route aussi, nous avançons, traversons des chemins et des ponts étroits, des chemins de fer.

Une fois que nous avons passé ce secteur, nous ne risquons plus d'être pris par la milice des Khmers rouges, ils n'osent pas s'y aventurer, car nous entrons sur le territoire occupé par les Vietnamiens.

Et ils ont trop peur de rencontrer les armées vietnamiennes.

Et là, enfin, au lever du jour, nous arrivons sur le pont du rendez-vous, nous sommes tous sains et saufs !

Et de là, j'aperçois la charrette avec mon fils à l'intérieur, qui nous attend avec inquiétude.

Nous sommes tous soulagés et heureux de nous revoir.

Maintenant, nous allons prendre la fuite tous ensemble, et je peux enfin rester à côté de la charrette, et donc de mon fils. Nous sommes tous ensemble, encore réunis.

Nous atteignons le village de Anlong Vil.

Nous avons décidé de nous y établir momentanément. Nous y sommes restés pendant un mois.

Nous ne pouvons rester plus longtemps, car une fois que nous avons épuisé tout notre stock de nourritures, nous n'avons plus rien à manger.

Et à Anlong vil, il ne reste rien. On ne peut rien trouver.

Nous avons entendu dire qu'à Battambang, il y a encore des stocks de nourritures, alors, nous avons décidé d'y aller ensemble, mais une fois sur place, nous nous rendons compte que nous y sommes allés pour rien, car il ne restait rien non plus.

Les gens qui étaient là les premiers s'étaient tous servis.

Il nous a fallu enjamber des bombes, des grenades qui n'ont pas encore explosé et qui jonchent le sol, des cadavres de soldats et de civils partout sur le pont, sous le pont, par terre, dans l'eau, une véritable vision d'horreur, le danger est partout.

Nous avons trouvé la fabrique et la réserve de nuoc-mâm et le stock de sel qui se trouvent au rond-point de Battambang.

Nous avons pu faire notre stock.

Sur le chemin du retour, nous avons longé les écoles, les routes.

Je vois des montagnes de sel, une réserve énorme, partout tout au long de la route.

Cela me fait penser à notre vie dans les camps.

Nous avons une ration très limitée de sel.

Ils étaient vraiment à cheval sur cette ration, comme si le sel était une denrée rare.

S'il en restait ne serait-ce qu'un peu, ils nous le reprenaient, ils ne laissaient rien, on ne pouvait pas récupérer ne serait-ce qu'un grain de sel.

Ils étaient vraiment sans cœur !

C'était de la privation pour de la privation !

C'était juste le plaisir de créer le manque chez nous, le plaisir de prendre, d'enlever, de nous priver de tout ce qui pouvait améliorer notre goût, notre vision, de tous nos sens. Le simple plaisir de rendre notre vie plus pénible !

La cruauté absolue ! Ils préfèrent gaspiller, jeter plutôt que de nous en distribuer ne serait-ce qu'un peu !

Quelle désolation que les trois écoles soient remplies de réserve de sel ! Il y en a à profusion.

En fait, leur projet, lorsqu'ils nous ont exigé de creuser des étangs de 10 mètres de profondeur, et 20 mètres de longueur, c'étaient pour nous éliminer tous et pour nous y enterrer, nous noyer vivants.

Et la soupe de riz traditionnelle qu'ils nous ont promise c'est pour eux, pour fêter ce génocide de masse. Le projet ne concerne pas uniquement mon village, mais tous les villages alentour, car tous ont eu le même ordre.

Après la journée de travail, nous devions tous creuser ces étangs, et nous devions tous faire la célébration ensemble.

Heureusement pour nous tous, que les Vietnamiens ont attaqué le pays, ils nous ont sauvé la vie.

Pour ma part, comme disent les villageois, il y a quelque temps de cela… « Ma vie est bien précieuse ».

Ce n'était pas mon jour de partir.

Avec quelques autres veuves, ils veulent nous emmener rejoindre nos maris.

Nous étions dimanche, et nous devions partir jeudi, il ne nous restait que quatre jours à vivre !

Par la suite, nous avons déménagé vers Battambang, qui est la plus grande ville du coin.

Les Vietnamiens étant passés par là, ils ont éliminé toutes les milices des Khmers rouges du secteur, et comme en plus la ville est limitrophe de la frontière vietnamienne, thaïlandaise et laotienne, les miliciens khmers rouges ne prennent pas le risque d'y revenir ou de s'y aventurer.

Nous sommes restés avec Pou Rong, son épouse et leur enfant, la famille avec la charrette.

On les appelle « la maman et le papa du gros ».

Leur fils se porte bien, et au Cambodge, nous avons tendance à surnommer les parents en fonction du nom qu'on donne au fils aîné.

Par exemple, mes parents, comme mon frère aîné s'appelle Tharo, on appelait ma mère Mâk à Tharo et Pâ à Tharo.

Quant à eux, leur fils aîné étant gros, on les appelait Mâk à Map et Pa à Map, ce qui voulait dire Gros.

Nous avons décidé de venir nous installer à Battambang, car nous étions démunis de tout, biens, nourritures, émotions…

Complètement vidés et désœuvrés.

Le couple est vraiment gentil, généreux. Ils veillent sur nous comme de vrais anges gardiens.

Ils ne nous quittent pas d'une semelle et prennent garde à tout ce que nous faisons.

Ils nous accompagnent et nous aident pour tout.

Nous devons tout faire ensemble !

La vie dans les camps de fortune pour réfugiés politiques khmers

Pour vivre et nourrir nos enfants, nous allons pêcher.

Puis avec le fruit de la pêche, nous troquons les poissons contre des sacs de riz.

Avec cette activité, nous pouvions de nouveau nourrir suffisamment nos enfants.

La vie se réorganise…

Un jour, on nous propose d'aller pêcher à l'étang de Aneam.

Aneam était un village proche du lac de Tonlesap, très poissonneux et aussi rempli d'animaux sauvages.

Nous sommes restés pratiquement 15 jours

La pêche est vraiment très bonne.

Nous sommes partis à six charrettes, et nous avons rempli deux charrettes entières.

Nous avons partagé notre pêche de façon très équitable pour tout le monde.

Nous sommes deux avec mon fils Tharo, les autres sont en couple.

Avec ces poissons, au retour, nous avons pu les échanger contre deux sacs de riz (un sac de riz normal, c'est vingt kilogrammes par sac, et là c'est environ trente-cinq kilogrammes).

À Battambang, j'y ai retrouvé une de mes belles-sœurs avec ses trois garçons Mâk Bun Hong.

C'est l'épouse d'un des grands frères de feu mon mari.

Mâk Bun Hong est vraiment très contente, car avec environ deux cents kilogrammes de riz, nous faisons du troc avec des pêcheurs, nous pouvons les échanger contre des poissons séchés.

Elle me propose d'unir nos réserves et faire du commerce ensemble.

Nous pouvons obtenir un kilo de poissons séchés contre deux pots de riz, c'est-à-dire environ un kilogramme.

Avec la quantité de riz que nous avons, nous pouvons gagner environ cinquante kilogrammes de poissons séchés et de poissons fumés au feu de bois.

Les affaires fonctionnent bien, nous faisons de plus en plus de bénéfices avec ce troc…

Je ne me sentais sereine, car à ce moment-là, trois de mes enfants, Youthy, Thareth et Sokha, sont très malades, ils ont attrapé la rougeole et ont beaucoup de fièvre.

Seuls Tharo et Sokcheat sont épargnés.

Le fils de Mâk à Map aussi est malade, mais Ha Map a succombé en deux jours.

Ses parents se sentent impuissants, désemparés, ils ne savent pas quoi faire, ils ont dû supporter le décès de leur enfant unique.

Ils s'en sont remis à la puissance de dieu et ont accueilli cette tragédie comme un destin inéluctable, décidé par dieu.

Quant à moi, il est hors de question de m'en remettre à dieu. Je recherche tous les remèdes possibles et imaginables. Je suis et teste toutes les pistes.

On me dit que je dois aller nettoyer la tête d'un chien noir et récupérer l'eau usée comme potion pour soigner mes enfants, ou bien le jus du caca séché…

J'ai tout trouvé et essayé tous les remèdes dont on m'a parlé.

Je remue ciel et terre, je mets toutes les chances de mon côté.

Mes enfants sont des anges, ils boivent tout ce que je leur donne.

Ils ne rechignent jamais.

À chaque fois qu'on me dit qu'un remède est efficace, je vais le chercher et mes enfants acceptent de le boire. Petit à petit, ils se remettent et se portent de mieux en mieux.

Comme leur santé s'améliore chaque jour, je repars faire du commerce.

Et ce jour-là, le mari de la famille qui vend des poissons séchés est parti à Aneam, et il a pris beaucoup de retard, il n'est rentré que tard dans la nuit. Nous l'avons attendu jusqu'à onze heures du soir.

Arrivés à la maison, mon fils Thareth me dit :

« Sokha dort, et elle ne se réveille pas ».

Je lui ai demandé ce qui s'était passé, et il m'a répondu : « Elle a mangé du riz avec des légumes et du poisson saumuré, et depuis elle dort. Depuis la fin du repas de midi, elle ne se réveille pas ! »

Mes enfants me font comprendre que ma fille Sokha est mourante…

Je suis paniquée.

Je me précipite vers ma fille, la touche et, effectivement, elle est inerte, sans vie.

Tout son corps est froid, glacé !

Il ne reste qu'un point de semblant de chaleur au niveau de sa poitrine, tout le reste du corps est froid, comme si elle est morte.

Il est hors de question de baisser les bras, de l'abandonner à Dieu. Notre vie est chère et précieuse, nous avons survécu à trop d'événements tragiques pour accepter qu'elle parte de cette façon.

Je me précipite chez mon voisin et tape à sa porte, je pleure, hurle et supplie pour de l'aide.

À l'époque, dès six heures du soir, les gens verrouillent leur porte par peur des voleurs, car il y a beaucoup de voleurs de nourriture.

Nous ne sommes pas en sécurité, les gens sont très méfiants et peureux.

Comme il reconnaît ma voix, il m'ouvre la porte.

Il a des médicaments importés du Vietnam, l'Oreo.

Durant cette période, l'épidémie de rougeole avait fait des ravages. Un enfant sur deux décédait.

Il y avait des pleurs et des enterrements partout dans le pays.

En échange de trois mesures de riz, il me donna un comprimé.

Le médicament était de couleur jaune, je me rappelle. Apparemment, ce médicament était très efficace pour lutter contre fièvre et grippe.

En rentrant, je préparais le médicament.

Je l'écrasais complètement avec le pilon.

J'en faisais de la poudre pour lui donner à la petite cuillère.

Les voisins me disaient : « Laisse-la partir en paix, ne t'obstine pas comme ça, ne gaspille pas inutilement un médicament, garde-le pour soigner tes autres enfants encore vivants. Ne la torture pas, elle ne peut plus rien avaler, tu vas l'étouffer encore plus. Laisse-la mourir, laisse-la s'en aller… »

Je leur répondais : « Non, hors de question, elle n'est pas morte, il reste encore un point de chaleur sur sa poitrine, je ne veux pas abandonner, je veux tout tenter, tant qu'il y a un espoir, je veux tenter. »

Je ne voulais rien entendre, je ne voulais pas les écouter. Je continuais obstinément !

Avec l'aide de mes enfants, j'avais réussi à introduire la petite cuillère remplie de poudre de médicament dans sa gorge et un instant j'avais entendu un bruit, comme si elle avait avalé le médicament.

Alors, je disais : « Oui, elle a avalé, elle a avalé la poudre de médicament ! »

Je renouvelai l'opération une deuxième fois, j'avais réussi à lui faire avaler une deuxième petite cuillère…

Et puis, silence total, plus aucun son ne sortait de sa bouche, de son corps…

Alors, je me suis mise à pleurer d'être partie faire du commerce en laissant ma fille malade.

Je regrettais, je m'en voulais, je criais, je me disais que si elle était morte, c'était de ma faute, je n'aurais pas dû partir, je n'aurais pas dû la laisser.

J'étais désespérée, je pleurais jusqu'à épuisement, et m'endormis.

À peine les yeux fermés, j'entendis sa petite voix m'interpeller :

Elle me disait : « Maman j'ai faim, j'ai envie de la soupe de riz. »

Dès que j'entendis sa voix, je me suis précipitée pour en préparer, elle avait pu en avaler trois cuillères à soupe.

J'étais tellement contente, et soulagée, et je criais : « Ma fille a survécu, ma fille a survécu, elle est vivante, elle n'est pas morte, elle est vivante ! »

J'avais patienté un peu, et quelques instants plus tard je retentai de lui faire avaler encore un peu de soupe de riz. Elle avait réussi à manger 2 cuillères de plus, puis s'était endormie jusqu'au petit matin.

Au réveil, je préparai encore la soupe de riz avec du poisson séché, et je lui donnais à manger.

Elle réussit à remanger un peu.

J'avais décidé de ne plus faire de commerce momentanément.

Je voulais prendre soin de ma fille et de mes enfants.

Je voulais m'assurer qu'ils se remettent tous correctement.

Jusqu'à ce qu'ils se portent tous bien, je ne les quittais pas d'une semelle.

Puis ma belle-sœur avait retrouvé sa grande sœur qui venait de Thmor Kol, et la maman Mak à map aussi avait retrouvé sa grande sœur.

Le hasard fait bien les choses, elles avaient de la chance d'avoir retrouvé leur famille.

Sa grande sœur vivait à Bor Pailin, avant la guerre.

Bor Pailin est une ville très riche en minerais. On y trouve beaucoup de pierres précieuses et semi-précieuses : topaze, saphir…

Et leur grande sœur les avait pris sous son aile et elles avaient suivi.

Elles m'avaient proposé de venir avec elles, mais j'avais refusé, car je ne voulais pas dépendre des autres.

De toute façon, qu'est-ce que j'aurais pu faire de plus avec elles ?

Ici, on s'en sortait pas mal, je faisais un peu de commerce, je connaissais les différents filons, les affaires fonctionnaient bien.

Je commençais à prendre mes marques.

De plus ici, j'avais rencontré ma cousine Noeun, je pensais aller la retrouver, me rapprocher d'elle et de sa famille.

Une fois installés à côté de ma cousine, elle m'avait donné un gros sac de riz, en échange, je lui avais donné un collier que j'avais réussi à dissimuler.

Et avec ce collier, elle m'avait donné un autre sac de riz. Ce qui me permettait d'en avoir deux sacs pour redémarrer un semblant de commerce.

J'allais donc moudre le riz, ensuite je troquais le riz contre l'or, l'or contre le riz, etc.

Avec un peu de bénéfice à chaque fois.

Très vite, je réussis à gagner l'équivalent de deux fois vingt-quatre carats d'or.

Le jour de Bon Phyum Ben, l'équivalent de la Toussaint en France, arriva. C'est une fête très importante chez nous, c'est l'occasion de faire des offrandes à nos ancêtres, par l'intermédiaire des bonzes.

L'occasion de commémorer nos morts, nos aïeux pour ne pas les oublier.

Selon la croyance cambodgienne, durant cette fête, les anciens revenaient se ressourcer, se nourrir. Si nous ne faisons pas d'offrandes, c'est comme si on les oubliait, comme si on les abandonnait à leur errance.

J'avais donné rendez-vous à quelqu'un qui devait me livrer du riz.

Je tenais vraiment à assister à cette cérémonie, à faire des offrandes aux bonzes.

Il devait arriver à huit heures du matin.

Par conséquent, j'avais largement le temps de préparer les repas pour participer à ce Bon Phyum Ben.

Ce jour-là, à 8 h, personne, à 10 h toujours rien.

En fait, je sus que bien plus tard que le cours de riz ayant augmenté, il avait trouvé à vendre plus cher ailleurs, du coup, il m'avait laissé tomber !

Quant à moi, je n'avais pas pu préparer les repas pour les bonzes, manquant ainsi la cérémonie de Bon Phyum Ben. Depuis ce jour, rien n'allait plus.

Mes affaires étaient désastreuses, j'étais tout le temps sur de mauvaises affaires.

Tous les jours, je perdais.

Je perdais, je perdais, jusqu'à ce qu'il ne me reste presque plus rien.

Je ne savais plus quoi faire ni quel commerce entreprendre, car tout ce que je touchais périclitait. J'avais beau réfléchir, me creuser les méninges, rien à faire, je ne trouvais rien qui me rapportait.

J'étais désespérée !

Du coup, je suis allée voir une femme, veuve comme moi, elle avait un enfant.

Elle non plus ne savait pas comment s'en sortir ni quel commerce entreprendre.

Pour se nourrir avec son enfant unique, elle mélangeait un peu de riz avec les racines de bananiers et des liserons d'eau pour donner un peu de consistance.

Elle était dans une situation bien pire que la mienne.

Moi, je pouvais au moins nourrir mes enfants avec une soupe de riz épaisse, qui est beaucoup plus nutritive que ce qu'elle avait.

Je lui proposais alors de tenter notre chance au camp Tchomrum.

Le camp Tchomrum se trouvait à la frontière thaïlandaise.

On disait qu'il y avait beaucoup de commerces.

Il s'agissait d'un camp ouvert par la Croix-Rouge pour venir en aide aux peuples khmers qui fuyaient le pays vers la Thaïlande.

Il ne me restait plus que l'équivalent d'un carat d'or.

Là où nous habitions, le prix du riz avait énormément augmenté et la valeur de l'or se dépréciait de plus en plus.

On nous disait que là-bas, avec un peu d'or, on pouvait acheter plein de choses, on pouvait encore faire des affaires.

La dame était d'accord pour me suivre, car à deux c'était mieux. Elle n'avait plus de solution non plus pour subvenir à ses besoins.

Je fis du stock de riz à mes enfants, et je conservais un peu d'or pour faire du troc.

Et la mort dans l'âme, j'abandonnais, encore, mes enfants pour pouvoir leur apporter de quoi manger.

Comme nous n'avions pas les moyens de payer une course en motocyclette, nous y partîmes à pied.

Nous cheminions de Battambang jusqu'à Svay Si Sophon, ville frontalière de la Thaïlande.

Nous y avions dormi une nuit.

Il nous avait fallu une nuit et deux journées de marche pour y arriver.

Sur la route, nous étions tombées sur un jeune homme qui proposait un jeu de pari.

Je conseillais à la dame de ne pas y jouer, de garder le peu d'or qu'elle avait pour acheter de la marchandise.

Mais il se montrait tellement aguichant, cela semblait tellement facile de gagner qu'elle avait tout misé.

Et elle avait perdu tout son or !

Elle pleurait, et elle me disait qu'elle ne pouvait pas faire marche arrière et rentrer bredouille, car sa mère la tuerait si elle savait qu'elle venait de se faire arnaquer par ce tricheur, alors nous avions continué notre aventure. Elle avait quand même voulu tenter sa chance au Chum rum chas avec tout le monde.

Arrivés à Svay Si Sophon, nous avons trouvé la frontière thaïe fermée.

Les soldats vietnamiens étaient postés là avec des barrières en barbelés, ils empêchaient les gens de passer la frontière vietnamienne et les soldats Thaïs interdisaient l'accès à la Thaïlande.

Nous étions donc bloquées là !

On espérait, et on attendait leur réouverture, seulement, en attendant cela coûtait très cher de se nourrir, et le peu d'or que j'avais fondait à grande vitesse.

Comment pouvions-nous faire ?

Quelle solution pour nous en sortir…

Cette nuit-là, il avait plu, beaucoup plu, comme si on nous arrosait de seaux d'eau sur la tête.

Nous étions trempées jusqu'aux os.

Nous ne savions pas où aller dormir à peu près au sec. Les gens s'étaient serrés à l'abri d'une hutte, et nous, toutes les deux, nous avions trouvé un abri à cochon.

Nous nous y installions avec les cochons !

Ça empestait le lisier toute la nuit.

Entre la pluie torrentielle, les cochons qui râlaient à cause de notre présence, et les odeurs… je n'avais pas réussi à fermer l'œil de toute la nuit.

Au petit matin, trempées jusqu'aux os, épuisées par la marche, désespérées par la situation, nous avons fini par sombrer dans le sommeil quelques instants.

Au réveil, nous étions désemparées, envahies de doutes. Nous nous interrogions mutuellement : « Qu'allons-nous faire ? »

Nous n'avions plus rien, nous sentions le lisier.

Nous sentions à trois kilomètres, de vrais souillons.

Qui voudrait troquer quoi que ce soit avec nous ?

Pour couronner le tout, il ne me restait que très peu d'or, car j'avais dû presque tout dépenser pour nous nourrir.

Alors, elle m'avait proposé de continuer à avancer : « On ne sait jamais, me disait-elle. Si on pouvait rencontrer quelqu'un qu'on pourrait connaître, et peut-être qui pourrait nous aider ? »

On s'en remettait à la chance, elle finirait bien par nous sourire.

De toute façon, nous n'avions plus rien à perdre.

Alors nous continuâmes à marcher, à avancer.

Un peu plus loin à la sortie de la ville, nous aperçûmes une hutte.

En passant devant, nous avions croisé un monsieur avec une charrette attelée à des vaches.

Il était stationné à cet endroit et proposait ses services aux passants pour réparer les roues des charrettes, ou tous types de réparations.

Nous nous arrêtâmes à son niveau et demandâmes au monsieur s'il connaissait les gens qui occupaient la hutte. Ce dernier nous répondit que non, il ne les connaissait pas, mais depuis le temps qu'il s'était posté à proximité de la hutte pour ces petites affaires, les gens le laissaient faire, et personne ne lui disait quoi que ce soit.

C'est la raison pour laquelle il s'était installé là.

Il travaillait là la journée et le soir, et allait dormir sur Svay si Sophon.

Il y avait beaucoup de passage et son affaire de réparations fonctionnait bien.

Alors, nous entrâmes dans la hutte, et demandâmes aux gens qui y habitaient s'ils étaient au courant pour les commerces, les trocs qui se faisaient par là.

Où il fallait se rendre, etc.

Nous avions entamé la conversation.

Il se trouvait que la jeune femme qui m'accompagnait connaissait bien ce couple, et l'épouse de ce monsieur faisait du commerce.

Du coup, la jeune femme nous a invitées à partager quelques repas avec elle, en attendant le retour de son mari, qui était parti faire du commerce en Thaïlande. Nous avons ainsi gagné quelques repas et pu dormir dans un abri, nous laver, et nous reposer.

J'avais pu ainsi conserver mes derniers carats d'or.

À son retour, j'expliquais au mari ce que nous étions venues chercher.

Il avait compris la misère dans laquelle nous nous trouvions.

Il ne savait pas s'il pouvait nous emmener avec lui ou pas, car pour leur sécurité, et pour ne pas être trop voyants, ils ne pouvaient se déplacer qu'à sept personnes maximum.

Il ne pouvait pas embarquer tout le monde.

Je lui expliquais alors, pour ce qui nous concerne, nous ne voyagions que toutes les deux, je le suppliais de nous emmener tout en lui expliquant que nous n'avions d'autre choix que d'avancer.

Nous ne pouvions pas rentrer chez nous, car nous n'avions plus assez d'or, plus rien pour troquer et nourrir nos enfants.

Nous ne pouvions qu'avancer, reculer était une mort certaine pour nous et nos enfants.

À force de discussion et de persuasion, il repesa mon or, et il me restait 9 carats.

Alors il accepta que nous l'accompagnions.

Par contre, sur le chemin, il nous expliquait qu'il fallait absolument que nous suivions ses pas avec exactitudes, nous devions marcher uniquement sur le bord du chemin, et nous ne devions jamais dévier.

Car les chemins étaient piégés avec des mines antipersonnel, et il y en avait vraiment partout.

Je lui en avais fait la promesse, et effectivement sur le chemin, nous l'avions suivi pas à pas, et respecté à la lettre toutes ses recommandations.

Par ailleurs, plus nous nous approchions de la frontière thaïlandaise, plus nous vîmes des marquages au sol.

C'était comme cela que je me rendis compte qu'il y avait beaucoup de mines.

En fait, les gens qui passaient par là avant nous marquaient à l'aide d'un bout de bois, chaque endroit où il y avait une mine.

Partout, on pouvait voir ces morceaux de bois qui jonchaient le sol.

J'étais admirative de ceux qui étaient passés par là avant moi, car je me demandais comment ils avaient pu faire pour passer entre ces mines, les éviter et les repérer, et en même temps, je les remerciais, car grâce à eux, nous pouvions marcher et ne pas les faire exploser.

En cette période, on voyait beaucoup de personnes handicapées. Des gens à qui il manquait une jambe, voire les deux, un bras…

Une fois sauvés des griffes des Khmers rouges, pour subvenir aux besoins de leurs familles, les gens voulaient travailler la terre, reconstruire un abri, faire des plantations. Mais ils s'étaient vite heurtés aux problèmes des mines antipersonnel.

Plus personne n'osait travailler la terre, les rares personnes qui s'y aventuraient le payaient très cher dans leur chair. S'ils n'étaient pas tués, ils étaient blessés.

Enfin, nous atteignîmes le camp, le nouveau camp situé sur la frontière côté Thaï.

Il y avait là beaucoup de Cambodgiens.

Ils attendaient les nouveaux venus pour acheter de l'or.

Et quand ils avaient pesé mon or, ils m'avaient dit qu'il y avait pour huit carats.

Je n'étais pas d'accord et avais rétorqué que nous venions à peine de peser avant de partir, et nous avions trouvé neuf carats, et là, le jeune homme qui m'avait accompagnée me disait : « Viens avec moi, suis-moi, ne vends pas ici maintenant. Viens, nous allons trouver ailleurs, du côté de Prey Assei, la forêt de bambous. Là-bas, il y a des Thaïs, et les Thaïs sont plus justes, et plus honnêtes, ils vont te les acheter au bon poids et au bon prix. »

Du coup, je l'avais suivi, et nous voilà en chemin vers Prey Assei.

Arrivés là-bas, nous aperçûmes quelques familles thaïes qui se postaient sur la route pour attendre et acheter de l'or aux passants.

Ils avaient pesé mon or, et avaient trouvé 10 carats, encore mieux que ce que nous avions trouvé, avec 10 carats, je pouvais obtenir plus de six cent cinquante bahts.

À peine l'argent en poche, les gens nous alertaient sur l'arrivée des soldats Thaïs.

Dans la panique générale, nous nous dispersons tout en nous donnant la main, et essayant de rester groupés. Mais tout le monde n'a pas suivi, nous sommes séparés en deux groupes.

On en a perdu deux, on ne sait pas par où ils sont partis, nous restons à cinq.

Nous avons rampé dans les hautes herbes, et nous sommes allés nous cacher dans une bambouseraie.

Et nous patientons là en attendant que les choses se calment avec le départ de ces soldats, inutile de dire que tous nos trocs sont du marché noir, et forcément répréhensibles.

Et puis à l'époque, comme maintenant d'ailleurs, les soldats Thaïs ne pardonnaient pas aux trafiquants, encore moins quand ils étaient étrangers.

Nous essayions de voir ce qui se passe, et nous entendons des bruits de tirs au fusil.

Cela faisait un fracas effrayant. Ils tiraient en l'air pour nous faire peur, pour nous disperser et pour nous dissuader de revenir faire du trafic.

Et d'un coup, plus rien, le calme plat, plus de tirs, plus de bruits de pas, plus de bruit de voix, silence total, il n'y avait plus personne, plus de soldats, mais plus de commerçants non plus.

Il fallait revenir vers le vieux campement.

Mais nous n'avions d'autre choix que de rentrer par les bois et les lisières de forêts en rampant pour ne pas risquer de se faire prendre par les soldats Thaïs.

J'ai demandé au jeune homme s'il savait comment revenir au vieux campement à travers bois, il m'avait assuré que oui.

Il avait l'habitude de venir faire du marché noir dans ces coins-là, et la situation que nous venions de vivre n'était pas isolée, cela se passait tout le temps ainsi.

Il avait dû trouver son chemin par tous les moyens, il connaissait par cœur la région, et savait comment faire pour retourner au vieux campement.

Nous avons longé des bois, traversé des cours d'eau, avec l'eau qui nous arrivait jusqu'à la taille, traversé des rizières avec de la boue jusqu'aux genoux.

Nous avons marché longtemps, longtemps…

C'était interminable, je me disais que nous n'y arriverions jamais.

Au bout d'un moment, nous aperçûmes au loin un marché de plein air.

À l'approche de ce lieu, il y avait un tas de commerçants thaïlandais, ils y vendaient de tout : des soupes de riz, des nouilles sautées, des boîtes de conserves de poissons, des poissons séchés, du riz.

On y trouvait de tout à profusion. C'était un régal des yeux et des papilles. Mais il fallait faire très attention de ne pas dépenser tout notre argent.

Nous avons acheté rapidement tout ce dont nous avions besoin, et tout ce qu'on pouvait revendre facilement, rapidement et avec profit. Avec les six cent cinquante bahts, j'avais pu acheter 2 gros sacs de riz, des poissons en conserve, des poissons séchés, des gâteaux français pour faire goûter à mes enfants, des saucisses de bœuf. C'était un régal pour les yeux et les papilles.

Quelle chance j'avais eu d'avoir pu acheter tout cela, car à peine terminé que de nouveau arrivent les soldats.

« Attention, ils sont là ! »

J'avais pris mon bâton pour pouvoir porter mes charges de chaque côté de l'épaule, un sac de riz d'un côté, et un autre de l'autre côté.

Dans la panique, mon bâton se fendit en deux faisant tomber les deux sacs de riz derrière et devant moi.

Et là, très vite, deux enfants apparurent.

Ils se saisirent chacun de mon sac de riz, et prirent aussitôt la fuite.

Je les poursuivais, mais ils couraient très vite.

J'arrivais à pratiquement les saisir, mais comme je ne pouvais pas suivre les deux, je ne réussis qu'à en attraper un.

Par chance, j'entendis une voix d'homme.

Ce monsieur, qui avait assisté à la scène et qui connaissait bien ces enfants, les avait interpellés et les avait sommés de me rendre les sacs de riz.

C'étaient deux frères.

Il leur dit qu'ils feraient mieux de me rendre ces sacs, qu'ils ne devraient pas voler, qu'ils devraient avoir pitié de moi, et que ce n'était vraiment pas bien de leur part de me faire subir cela. « Rends-lui son sac, et toi, là-bas, ramène-le-lui aussi. »

Ils me rendirent mes sacs.

J'avais remercié le monsieur qui m'avait fabriqué un bâton de bambou afin que je puisse transporter mes deux sacs.

Ce bâton fabriqué à la hâte s'était trouvé très solide, car je pus reprendre la route pour Svay Si Sophon avec mon gros chargement.

Pour le remercier pour son aide et pour le bâton, je lui avais donné une grande conserve de poisson, de la taille d'un œuf de crocodile.

Je ne le remercierais jamais assez, car grâce à lui, j'avais pu récupérer toute ma marchandise.

J'allais pouvoir reprendre la route.

Il m'avait remercié grandement, car cela faisait un moment qu'il n'avait rien pour nourrir sa famille.

J'étais vraiment heureuse d'avoir pu lui offrir ce cadeau et ce petit moment de joie.

Je rentrais seule, car à cette deuxième alerte, comme chaque personne vaquait à ses occupations, et à ses achats, nous étions tous séparés.

Je me suis retrouvée toute seule, complètement perdue.

Je n'avais aucune idée de ce qu'étaient devenus les autres.

Je devais partir très rapidement, mais je n'avais aucune idée de la direction à prendre.

Puis j'aperçus un groupe de personnes qui semblaient toutes aller dans la même direction.

J'ai suivi la foule !

Nous venions à peine de dépasser le vieux campement que nous rencontrions un plan d'eau.

Impossible de le traverser, il nous a fallu le contourner.

Nous avions marché à peine un kilomètre et demi, que mon beau bâton se casse, faisant tomber tous mes chargements.

Impossible de repartir sans ce bâton.

J'étais toute seule et les gens ne me connaissaient pas.

Ils me disaient qu'ils étaient désolés, mais ils ne pouvaient pas m'attendre, car à la nuit tombée, cet endroit était très dangereux.

Ils devaient impérativement le dépasser avant la nuit. Personne ne pouvait m'aider, car ils avaient aussi leur propre chargement.

Comme je ne savais pas quoi faire, je pleurais de désespoir. Ils étaient tous partis, et je me retrouvais toute seule, perdue au milieu de nulle part.

Je ne connais pas cet endroit, et sans le bâton, je ne peux pas porter mes sacs.

Je me désespérais à l'idée d'être sûrement tuée avant même de pouvoir rapporter tout cela à mes enfants.

J'étais assise, désespérée, et j'étais en train de pleurer à chaudes larmes quand d'un coup j'aperçus une dizaine d'hommes en tenue militaire qui sortaient du bois.

Ils ont avancé vers moi et m'ont interpellée : « Que faites-vous, là, toute seule bang, l'endroit est très dangereux. Nous sommes en train de mener des actions militaires pour tenter d'attraper des milices khmères rouges. »

Je leur avais répondu en pleurant : « Je ne sais pas comment faire, messieurs. Mon bâton, doung rek, en cambodgien, étant cassé, je suis coincée avec mes chargements. Je ne peux ni reculer ni avancer sans ce bâton. De plus, je ne sais même pas quel chemin prendre pour aller à Svay Si Sophon… »

Les soldats m'aidèrent.

Ils portèrent les sacs de riz sur les épaules, et nous avons rebroussé chemin jusqu'à leur campement.

Les soldats m'avaient laissée là, ils étaient obligés, car je n'avais pas le droit d'entrer dans cette zone avec eux, mais ils m'avaient rassurée en me disant qu'ici j'étais hors de danger.

Je pouvais en profiter pour me reposer un peu, car je ne risquais plus rien.

Je me sentais rassurée, j'étais contente d'être hors de la zone de combat.

J'allais emprunter un couteau, aux gens qui habitaient là, et m'en servais pour couper une grosse branche de la largeur de mon bras.

La branche était très longue, je fis des encoches de chaque côté pour refaire le support et pouvoir transporter mes deux sacs de riz.

L'équilibre étant fait, cela serait plus facile pour moi et il risquerait moins de casser.

À la nuit tombée, les gens me dirent qu'il n'était pas prudent de reprendre la route maintenant, je devais absolument me reposer un peu avant de repartir. Ce que je fis.

En fait devant les maisons cambodgiennes, surtout chez les gens qui faisaient du commerce chez eux, il y avait toujours un lit en bambou pour s'asseoir ou pour poser des objets à vendre.

Il n'y avait pas de matelas, évidemment, mais de toute façon, j'étais tellement épuisée que j'aurais pu dormir n'importe où.

Et je m'étais endormie très vite et sans aucune protection. J'étais tombée comme évanouie.

Au matin, à mon réveil, j'étais bouffie de piqûres de moustiques, je n'avais pas pris le temps de me protéger des insectes.

Vers sept heures du matin, au lever du jour, j'entendis des conversations.

Des réfugiés ! je me suis dépêchée de les suivre, pour pouvoir marcher avec eux et ne pas me retrouver seule de nouveau, me sentir en sécurité, et trouver aussi le chemin du retour à la maison.

Les autres me disaient que j'allais vraiment souffrir avec ce bâton en guise de palanche, que j'allais me meurtrir les épaules.

De toute façon, je n'avais pas le choix, je n'avais que ça. J'avais bien essayé d'en trouver un, j'avais proposé aux gens d'en échanger contre du riz ou des poissons en conserve, mais c'était impossible.

Soit ils n'en avaient pas, soit ils en avaient besoin aussi. Mais ils marchaient très vite, c'était que des hommes jeunes et forts, donc ils avançaient vite et sans difficulté.

Mais moi, chargée, et épuisée comme j'étais, je n'avais pas pu suivre leur rythme, de nouveau, je me retrouvais seule avec ma charge qui me semblait de plus en plus lourde.

Par contre, j'étais sauvée et en sécurité, car avec eux j'avais réussi à passer cet endroit dangereux où il y avait encore des bastions de Khmers rouges.

Puis j'arrivai à une croisée de chemin, et une fois que j'eus traversé la rigole dans laquelle je m'enfonçais jusqu'au genou, j'aperçus une vieille dame qui marchait.

Elle semblait marcher tant bien que mal avec une canne, et plus je m'approchais d'elle, plus je distinguais qu'elle se servait d'une palanche en guise de canne.

Elle était accompagnée de quatre jeunes filles.

Je ne savais pas s'il s'agissait de ses filles ou petites-filles, ainsi que de trois enfants.

Arrivées à ma hauteur, la vieille dame me dit : « Ma fille, où vas-tu comme ça ? Avec ton bout de bois en guise de palanche, tu vas t'abîmer les épaules. »

« Je sais bien, madame, avais-je répondu, mais hélas, je n'ai pas de palanche, et je n'ai d'autre choix que de porter mes poids avec ce bout de bois. »

La dame me répondit : « Écoute ma fille, j'ai ramassé cette palanche, je n'en ai pas besoin, elle me sert juste de canne. Tiens, prends-la, je te la donne. Tu sembles en avoir plus besoin que moi. »

J'étais vraiment très heureuse qu'elle m'ait fait don de cet ustensile.

En fait, je souffrais tellement avec mon bâton, mes épaules étaient toutes meurtries.

Comme j'étais contente !

J'étais ravie de constater que dans cette misère générale les gens pouvaient encore se montrer généreux, empathiques et solidaires.

En contrepartie de sa générosité, je lui avais donné un paquet de gâteaux, les plus gros.

Dans mon pays, on appelait ça les gâteaux à la française, je les avais achetés au vieux camp.

Cela lui fit énormément plaisir, elle était tellement contente de mon don, qu'elle avait fait beaucoup de prières. Elle m'avait donné de jolis souhaits, car elle avait pu distribuer les gâteaux à tous les enfants qui l'entouraient.

Avec cette nouvelle palanche, c'était plus confortable, je repris alors mon chemin, remplie d'espoir et d'enthousiasme.

Je tentais par ailleurs de rattraper ceux de devant, mais c'était impossible, j'aurais voulu courir plus vite.

J'avais pris trop de retard, et j'étais tellement chargée que même si avec la palanche, j'avais moins mal à l'épaule, je ne pouvais pas avancer aussi vite que je l'aurais souhaité.

De nouveau seule, je me posais beaucoup de questions, comment allais-je pouvoir rentrer chez moi, retrouver mes enfants ? car à l'aller j'avais pris un chemin et là ce n'était plus le même.

Je m'avançais là où je voyais du monde, et quand il n'y avait personne, j'allais tout droit.

Mais je ne savais même pas si j'étais dans le bon sens.

J'avais peur.

J'entendis un brouhaha, des gens derrière moi qui me rattrapaient.

Je reprenais espoir et courage à l'idée de n'être plus seule.

En marchant, je réfléchissais à voix haute : « Pour éviter de me retrouver de nouveau esseulée et si je souhaite retrouver le chemin de mon village, je dois faire en sorte de ne pas perdre ce groupe de gens. Pour cela, je dois tout faire en courant pour ne pas me faire rattraper, et surtout ne pas me faire dépasser, et les perdre de nouveau. »

Alors, je courais avec ma charge, je courais devant eux. Tout en les surveillant de temps en temps.

Dès qu'ils s'arrêtaient pour faire une pause, j'en profitais pour me reposer aussi.

J'étais tellement fatiguée, j'avais vraiment besoin de souffler.

Et dès qu'ils repartaient, prêts à remettre les palanches sur leurs épaules, je faisais de même.

Et ainsi de suite…

Lors de ma pause tellement attendue, je voyais qu'une des personnes essayait de me rattraper, mais à peine avait-il bougé que déjà je reprenais mon chemin pour bien maintenir mon avance.

Il s'arrêtait pour se reposer un peu, moi aussi !

En fait, on se surveillait mutuellement, mais pas pour les mêmes raisons.

Arrivée à la hauteur d'une maison d'hôtes (à l'époque des Khmers rouges, ils y faisaient des lieux de repos comme cela pour les soldats postés à la surveillance des bois et des frontières, avec un abri fermé et confortable).

À l'extérieur, il y avait comme un bassin d'eau dans lequel les soldats pouvaient se laver et se détendre.

Là, j'avais retrouvé toutes les personnes que j'avais perdues quelques heures plus tôt.

Ils étaient tous là, ils s'étaient tous arrêtés, pour se laver, se rafraîchir, pour boire et se réapprovisionner en eau.

Il faisait très chaud, le soleil tapait fort en cette période.

Ils s'étaient tous agglutinés au même endroit l'eau n'était plus très claire, ni très propre, et en plus il n'y avait que des hommes, j'étais allée de l'autre côté.

Et comme j'approchais, j'aperçus deux cadavres qui gisaient là.

Les corps étaient tout gonflés, étaient en pleine décomposition.

Je pris peur, et je m'éloignais en criant, sans prendre le temps de boire ni refaire mes provisions ou même de me rafraîchir un peu.

Les hommes m'avaient entendu, s'étaient précipités pour voir ce qui se passait.

Je leur avais montré les corps.

Les pauvres étaient horrifiés d'avoir avalé cette eau et de s'être baigné dedans.

Quand les gens qui me suivaient arrivèrent à ma hauteur, l'un d'eux m'interpella, et il me demanda : « Bang srey », cela voulait dire « grande sœur ».

Au Cambodge, quand on ne connaît pas le prénom de la personne, en fonction de l'âge, on appelle Bang quand les gens sont de notre âge, Om ou Pou s'ils étaient plus de l'âge de nos parents.

« Je ne comprends pas votre comportement, je vous ai vu, je cherche à vous rattraper et vous partez en courant, quand nous nous arrêtons, vous vous arrêtez, pourquoi cherchez-vous à nous fuir ? »

Je lui répondis : « Je suis vraiment navrée, je ne cherche absolument pas à vous fuir. Mais je suis toute seule, nous étions sept au départ, j'ai perdu tous mes compagnons de voyage. Je suis complètement perdue, je ne sais pas où je suis, ni par où je dois aller pour me rendre à Svay Si Sophon. J'essaie de suivre les groupes de gens, mais comme je suis très chargée, je n'y arrive pas, et à chaque fois, je me retrouve seule. Quand j'ai vu votre groupe, j'ai essayé de faire en sorte que vous ne puissiez pas me rattraper et me dépasser ce dont j'ai peur c'est de me retrouver de nouveau perdue et seule. »

Et là, à mon grand soulagement, l'homme me dit : « Ne vous inquiétez plus, notre groupe n'est pas sans cœur, nous savons nous montrer solidaires, vous n'avez plus besoin de faire ça, nous allons vous attendre et faire route ensemble. Nous allons vous aider à transporter votre charge. Vous êtes une femme, vous êtes toute maigre, vous allez vous tuer à la tâche si vous continuez toute seule avec tout ce que vous transportez. Vous savez, nous sommes tous dans le même bateau. Nous sommes tous là pour essayer de faire du commerce pour nourrir nos familles. Nous sommes tous dans la même misère, les mêmes difficultés, nous allons nous entraider, avancer ensemble, nous reposer ensemble, nous allons continuer ensemble. N'ayez crainte, ne faites plus ça, ne cherchez plus à rester devant nous, n'ayez pas peur de nous. » J'étais vraiment très heureuse.

Je me sentais soulagée et épaulée, il y avait encore quelques personnes généreuses !

Je vais enfin pouvoir rentrer sereinement, retrouver et apporter tout cela à mes enfants.

Ils me demandaient régulièrement si j'étais fatiguée, si j'avais besoin d'arrêt, et on faisait la pause ensemble. Dès que nous reprenions des forces, nous repartions le cœur léger.

Sur le chemin, je réfléchissais aux affaires, je me disais que je devais vendre une partie de mon riz au niveau de la frontière, comme les frontières entre le Vietnam, Cambodge, Laos et la Thaïlande étaient fermées, faire du commerce était encore très compliqué, si je vendais mon riz ici, je pourrais en obtenir un très bon prix.

Arrivée sur un replat, pratiquement à lisière de la frontière cambodgienne, il n'avait pas de route ni de chemin. Nous arrivions dans une zone marécageuse, il y avait de l'eau à perte de vue, pas un seul passage en terre. Nous étions obligés de marcher dans l'eau et la boue. Pendant toute la traversée, il n'y avait pas moyen de faire une pause, il fallait marcher, toujours marcher.

Je n'en pouvais plus, je n'arrivais plus à poser un pied devant l'autre, même à soulever ma jambe.

Mes genoux ne répondaient plus, ne me portaient plus, et enfin nous vîmes le bout du marécage.

Juste à la sortie du bourbier, la route permettait de passer la frontière, d'entrer au Cambodge, plus précisément à la ville de Svay Sisophon.

Et là, tous ceux qui étaient arrivés avant nous étaient stoppés par les soldats vietnamiens.

Ils étaient tous parqués au même endroit.

Les soldats venaient de fermer la frontière !

Il était impossible de sortir du Vietnam pour passer du côté cambodgien.

Quand je les aperçus, je prenais mon courage à deux mains, je continuais à avancer tout de même comme si je ne les voyais pas.

J'avançais d'un pas lent et lourd.

J'étais violette, presque noire d'épuisement, je faisais peur à voir, j'avançais à mon rythme, c'est-à-dire très, très lentement.

Les soldats, au vu de mon état, sans un mot, avaient ouvert la barrière pour me laisser passer.

Je n'avais même pas eu besoin de demander ou de supplier qui que ce soit.

Quand les autres virent ça, ils remirent tous leurs palanches, prêts à me suivre et à avancer comme moi, mais les soldats les avaient arrêtés.

Ils refermaient la barrière derrière moi.

Les autres râlaient, se plaignaient, moi j'avais le droit de passer et pas eux.

Je les entendais geindre, insulter les soldats vietnamiens, mais moi je ne m'arrêtais pas, je ne me retournais même pas.

Je ne regardais personne, je ne faisais aucun autre mouvement, je me concentrais uniquement sur le fait de poser un pas devant l'autre.

Je m'efforçais de continuer à avancer le plus loin possible de cette zone, j'avais peur que les soldats ne changent d'avis et me fassent rebrousser chemin.

Je rassemblais mes dernières forces pour m'éloigner.

Une fois hors de vue, je pris vraiment conscience de mon épuisement.

J'étais à bout de force, je faisais deux pas, et je m'arrêtais, je faisais un pas et je m'arrêtais, mais je continuais, je faisais deux pas et je m'arrêtais et ainsi de suite.

De la barrière des soldats à la hutte du couple qui nous avait reçus avant notre départ pour la Thaïlande, il y a trente minutes de marche, j'avais mis deux heures pour faire le trajet.

Soudain, je reconnus la charrette du monsieur que j'avais rencontré à l'aller.

Je me mis avec les sacs de riz à l'abri dessous.

Je ne dormais pas, j'étais tombée d'épuisement, je perdis connaissance.

Le lendemain matin, j'ouvre les yeux et je vois que je suis toujours sous la charrette du monsieur avec tout mon chargement. Comme je n'arrive pas à reprendre mes esprits ni à me lever, je referme les yeux, et me rendors jusqu'à ce que le monsieur arrive.

Il me dit qu'il avait dû me veiller, j'ai sombré dans une sorte de léthargie depuis trois heures de l'après-midi, la veille, et je n'ai pas ouvert l'œil jusqu'à onze heures du matin.

Il devait rentrer à son village, mais n'avait pas pu, car il ne pouvait pas bouger sa charrette ni faire aucun mouvement de peur de me réveiller.

Il me dit que lorsqu'il m'avait vu dans cet état, il a eu le cœur déchiré, il avait tellement pitié de moi, j'aurais pu être son enfant, c'est pour cela qu'il avait cet instinct de protection.

Je ne m'étais rendu compte de rien !

Quand j'eus réussi à me réveiller, mes membres étaient complètement engourdis.

J'avais mal partout, mon corps n'était que douleur.

J'essayais de me lever, mais je n'y arrivais pas.

Alors, il me dit : « Ne bouge pas, reste tranquille, permets-moi de prendre trois mesures de riz pour échanger contre des médicaments. »

Je lui dis : « Bien sûr, servez-vous ! Prenez ce dont vous avez besoin. »

Il me rapporta un paquet de comprimés de crovate sor. Il s'agit d'un anti-inflammatoire thaïlandais. Il portait le nom de crovate sor, la cravate blanche, car la pilule était composée de deux socles, mâle et femelle, et un trait blanc au milieu.

Il me dit de prendre deux comprimés de suite, et si cela n'allait pas mieux, d'en reprendre deux en fin d'après-midi.

Ce médicament était grandement efficace, Dieu soit loué !

J'avais pu me relever aux alentours de seize heures.

Le monsieur me dit qu'il n'habitait pas ici, il n'avait jamais passé la nuit ici auparavant.

C'était la première fois et c'était pour moi.

Il me précisa qu'il n'était pas prudent de rester dormir ici encore une nuit avec tout mon chargement.

Il avait dû le faire la nuit dernière, car il n'avait pas le choix au vu de mon état, mais on ne devait pas recommencer cette nuit à cause des bandits.

On avait discuté un peu, j'appris qu'il habitait à Prey Svai et qu'il avait une nièce qui habitait à Battambang, à côté du rond-point sur la nationale N° 5 qui relie Battambang – Phnom Penh.

À côté de Battambang, donc à côté de chez moi, là où j'avais laissé mes enfants.

Je me rendis compte que nous connaissions les mêmes personnes.

Sa nièce était une de mes voisines.

Il devait partir dans les minutes qui suivaient, et me proposa de m'aider, si je le souhaitais, à envoyer des choses à mes enfants.

J'ai profité de sa charrette et lui confiais un sac de riz pour mes enfants, ainsi que : les saucisses de bœuf, les poissons séchés, les poissons en conserves, les gâteaux.

Je ne revendais que le sac de riz pour avoir un peu d'or pour pouvoir repartir en Thaïlande et refaire un peu de commerce maintenant que j'avais retrouvé mes forces.

Et je repartais commercer à nouveau.

Subitement, je revoyais la jeune femme, et tous mes compagnons de route qui s'avançaient vers moi.

Ils avaient fui les soldats et s'étaient dispersés dans les bois, c'était un miracle qu'ils se retrouvent ensemble à nouveau.

Avec le sac de riz, je pus obtenir dix carats et demi d'or que j'avais échangé contre sept cents bahts thaïs.

Les frontières étaient de nouveau ouvertes, et l'on pouvait à nouveau commercer.

Cette fois, j'optais pour une autre façon de faire.

Je ne refaisais pas les mêmes erreurs de vouloir transporter trop de charges, car mon corps ne me le permettrait pas.

Je décidais de faire du commerce sur place pour essayer de gagner un maximum d'argent.

Parmi les marchands, il y avait ce couple de personnes âgées, ils avaient une palanche et des paniers remplis de viandes séchées, des cabas suspendus et tout un tas de bric-à-brac.

Ils me dirent : « Si tu as deux cents bahts, nous te donnons toute notre marchandise à vendre, et si tu en obtiens plus, c'est pour toi. »

J'acceptais avec joie ! À la fin, je devrais venir les retrouver sous l'arbre.

Je pris leur palanche et allais au marché.

J'allais partout, et je criais comme pour les ventes à l'étalage.

Je réussis à vendre le tout pour trois cents bahts, et je fis un bénéfice de cent bahts.

Le lendemain, ils firent la même chose, et le surlendemain, aussi.

Nous avions toujours rendez-vous au même endroit, et ils étaient très ponctuels.

Moi, je vendais, je vendais.

Je commençais à amasser pas mal d'argent, quelques centaines de bahts.

Je ne cessais pas de penser à mes enfants, ils me manquaient énormément.

Je m'inquiétais pour eux.

Je me disais que maintenant que j'avais réussi à gagner et stocker un peu d'argent, je voulais aller voir mes enfants.

Alors je suis revenue au nouveau camp, cette fois, la frontière étant ouverte, le commerce y était à nouveau autorisé.

Et là, je rencontre bang Hourm.

Il était ami avec mon mari, autrefois, et il était le maire du village de Kohs Kalor.

Il avait eu de la chance d'avoir réussi à échapper au régime khmer rouge.

Personne ne l'avait reconnu, et il avait réussi à fuir le pays vers la Thaïlande.

(Il vit encore de nos jours, aux USA.)

Il m'a interpellé et demandé si je faisais du commerce depuis longtemps, ici.

Je lui répondis que cela faisait à peu près un mois.

« Cela fait un mois que je suis loin de mes enfants ! »

Je souhaitais m'assurer que tout allait bien pour eux, car même si je les avais confiés à ma cousine, n'ayant aucune nouvelle, je m'inquiétais.

À tout moment, je risquais de sauter sur une mine.

Il me dit alors que si je retournais au pays chercher mes enfants, il aimerait bien que j'accompagne sa femme et ses enfants aussi.

J'avais fait tous mes achats, les sarongs, j'en avais pris sept, un sac de riz, je devais éviter de trop me charger, je porterais le sac de riz sur ma tête, cela serait plus simple.

Par chance, je rencontrai le jeune qui avait escroqué mon amie et lui avait volé tout son argent.

Il me reconnut et m'interpella : « Ah, mais vous êtes encore par là, Ming ? »

« Eh oui, je suis encore par là ! » avais-je répondu.

« Et toi, garçon ? »

Il me répondit : « Oh, quelle misère, je trouve n'importe quoi à faire, tout ce que je peux pour essayer de me nourrir, de survivre. Je vis sous le toit d'un ami, et la plupart du temps c'est lui qui me nourrit. Je n'ose pas rentrer à mon village sans argent, car je n'ai rien réussi à faire d'honnête, ma mère me tuerait ! »

Je lui demandais ce qu'il pouvait faire, et il me dit qu'il cherchait à proposer ses services pour transporter des chargements lourds en échange de la marchandise, car c'était la seule chose qu'il savait faire parce qu'il avait la force pour ça.

Je lui proposais donc un accord, et lui demandais combien de poids il pouvait porter avec sa palanche ?

Je lui proposais de porter ma charge et moi je le payerais pour cela.

Et quand nous arriverions à destination, nous partagerions les gains en deux.

Il me répondit qu'il pouvait porter cinq sacs de jutes ! « Cinq sacs de jutes, c'est très lourd, tu es sûr de toi ? »

Il me dit : « Bien sûr, Ming, je suis sûr de moi, je peux porter jusqu'à 5 sacs de riz. »

Alors, je lui dis : « OK, après tout, si tu arrives à porter ces cinq sacs jusqu'à Svay Si Sophon, on vend tout et on partage. »

Les affaires conclues, comme la nuit tombait, on n'osa pas partir.

Le danger était partout, entre les milices khmères rouges, les bandits et les rondes des soldats qui pourraient nous prendre pour des ennemis.

Nous avions décidé de dormir dans ce nouveau camp.

J'avais mis les sept sarongs que je venais d'acheter sous ma tête en guise d'oreiller pour m'assurer qu'on ne me les volerait pas.

Eh bien, quelqu'un avait quand même réussi à me les voler dans la nuit !

Je dus attendre l'ouverture des étals pour en racheter d'autres.

Cette fois, j'en prenais dix.

J'avais acheté un sac de riz à porter moi-même, du poisson séché, des conserves de poissons, du lait concentré, des saucisses thaïes, et pour essayer de gâter un peu mes enfants, des bonbons, des gâteaux…

Arrivés à Svay Si Sophon, le pauvre avait porté une charge tellement lourde, qu'il était complètement épuisé. J'avais de la peine pour lui.

Alors au lieu de partager deux sacs et demi de riz chacun, je lui en laissais trois, et n'en prenais que deux.

Il était vraiment content de son salaire.

Il me dit que maintenant qu'il avait un peu d'argent, il retournerait en Thaïlande pour faire un peu de commerces et augmenter son pécule, ensuite il pourrait rentrer au village la tête haute.

Il me proposait de venir avec lui pour refaire la même opération.

Pas tout de suite, je voulais d'abord revoir mes enfants et m'assurer que tout allait bien pour eux. J'avais vendu un gros sac de riz, et le reste, je verrai en fonction des besoins de mes enfants.

Si tout allait bien, je reviendrais en Thaïlande pour faire du commerce.

Je pris une moto-taxi pour rentrer à Battambang. Cette fois, je pouvais me le permettre !

Arrivée à la maison, mes enfants, dès qu'ils m'aperçurent, se précipitèrent dans mes bras.

Ils m'enlaçaient, je les serrais tellement fort que je manquais de les étouffer. Nous étions tellement heureux de nous retrouver que nous pleurions de joie.

Ils m'avaient tellement manqué.

Je leur donnais à chacun une baguette de pain au lait et du lait concentré, c'était leur goûter préféré.

Dès qu'ils les avaient eus, ils étaient tellement heureux qu'ils les serraient tout contre eux.

J'étais étonnée qu'ils ne se précipitent pas pour les manger.

Alors je leur demandai : « Pourquoi ne les mangez-vous pas ? Si vous avez faim, pourquoi attendre ? »

Ils se regardaient mutuellement, mais ne me répondaient pas.

Je fus très étonnée, car ils étaient, d'habitude, vraiment très gourmands, de vrais gloutons, surtout lorsque je leur donnais leur goûter préféré, ils étaient plutôt du genre à se précipiter dessus et à les dévorer.

Et là, rien, ils les regardaient avec envie, mais ne les mangeaient pas.

Alors, je commençais à les observer plus attentivement. Je regardais d'abord ma fille Sokcheat, ma petite dernière. Comme elle était toute petite, elle se promenait toute nue.

Et là, mes yeux se posèrent sur son ventre, il était tout gonflé, la peau tendue, semblant prête à exploser.

Je m'approchais et tâtais leurs ventres.

Ils étaient tous dans le même état…

Ils me dirent : « Nous avons mal au ventre, nous ne pouvons pas les manger, nous ne pouvons rien avaler. »

Je le questionnais pour savoir ce qui s'était passé.

Thareth me dit que Tharo était obligé d'aller garder les vaches pour Ming Noeun. Et quand il était là-bas, il en profitait pour ramasser tous les plantes et légumes sauvages qu'il connaissait pour nous préparer à manger le soir, c'est Thareth qui devait faire cuire le riz selon les instructions de Tharo.

Tharo avait préparé la soupe de Slek bas avec des champignons.

Comme Thareth n'avait pas respecté les instructions de Tharo, il le faisait à sa façon.

Il surveillait la cuisson. Dès que le riz commençait à bouillir et que l'eau commençait à réduire, il l'enlevait du feu et le laissait refroidir. Quand il n'y avait plus d'eau, pour lui c'était cuit !

Comme nous avions tous très faim, nous mangions le riz comme ça, c'est-à-dire à moitié cru.

Et au dernier repas, Thareth avait voulu cuire le riz avec du maïs, il avait écrasé les grains, mais il ne savait pas que ça ne prenait pas le même temps de cuisson. Comme ils n'avaient plus beaucoup de riz, ils devaient le mélanger avec du maïs pour avoir une quantité suffisante à manger.

À force de manger le riz et le maïs cru, la fermentation leur avait fait gonfler le ventre.

Et là, mon sang ne fit qu'un tour, je m'en pris à ma cousine, car elle ne s'était pas occupée de mes enfants comme prévu, j'étais vraiment furieuse contre elle.

Je demandais aux enfants, comment ils avaient trouvé le maïs ?

Et ils me dirent que c'était la communauté qui en avait distribué.

Alors, je demandais à ma cousine pourquoi elle ne leur avait pas donné les bonnes instructions, elle me rétorqua qu'elle était très occupée, qu'elle essayait, elle aussi, de faire du commerce, et qu'elle n'avait plus de temps pour s'occuper de mes enfants !

Elle ne s'était même pas rendu compte qu'ils avaient mal au ventre, c'était pourtant visible.

Ils étaient livrés à eux-mêmes depuis mon départ, j'avais eu tort de lui faire confiance.

Mes enfants n'étaient pas sa priorité.

Je décidais de partir immédiatement en Thaïlande avec mes enfants.

J'avais vendu une grande partie du riz que j'avais apporté.

Je proposais, donc, à la femme de Hourm de m'accompagner en Thaïlande, comme me l'avait demandé son mari.

Elle me dit qu'elle n'avait rien, pas de riz pour faire le voyage.

Je lui répondis que c'était sans importance, car j'avais tout ce qu'il fallait pour nous tous : du riz, des saucisses, du poisson séché…

Tout ce dont nous avions besoin pour faire le trajet.

Elle me suivit avec ses enfants, car elle souhaitait, aussi, retrouver son mari.

Mes enfants m'avaient relaté aussi qu'un monsieur était venu leur donner du riz, des saucisses…

J'étais vraiment heureuse qu'ils aient tout reçu, heureuse de voir que dans toute cette folie, il existait encore des personnes aussi bonnes, et honnêtes.

J'avais décidé d'emmener mes enfants avec moi, mais ils étaient trop malades, Sokha et Thareth avaient tous du mal à se mouvoir tellement leurs ventres était dilatés.

Quant à Youthy, il ne pouvait même pas marcher.

J'étais en colère contre moi-même, je me suis juré de ne plus jamais confier mes enfants à quelqu'un, même si je le jugeais digne de confiance.

Ma cousine me suppliait de ne pas partir, elle pleurait, s'excusait de n'avoir pas pris le temps de s'occuper de mes enfants.

Elle me disait que mes enfants étaient tous malades, et que si je partais maintenant avec eux, j'allais tous les conduire à une mort certaine.

Je lui rétorquai que ce n'était plus possible, je ne pouvais plus partir sans mes enfants. Je les avais confiés un mois et à mon retour, je les avais trouvés presque morts, je ne pouvais plus faire confiance. Je pars avec eux, soit on s'en sortira ensemble, soit on mourra tous ensemble. « Peu importe ce qui se passe, l'essentiel est que nous soyons réunis. »

Nous prîmes la route aussitôt, elle avait quatre enfants, et moi cinq.

En fait, nous n'étions pas les seuls à vouloir passer la frontière.

Il y avait quelques familles, nous étions une trentaine en tout.

Comme j'avais un peu d'argent, j'avais loué la remorque d'une charrette pour éviter, à mes enfants, de marcher.

Arrivés près de Svay Si Sophon, à l'embranchement, il y avait une barricade de soldats vietnamiens qui nous empêchaient de passer.

Nous dûmes emprunter des chemins de traverse et continuer à pied au travers des rizières.

Nous traversâmes un fleuve par bateau, j'avais encore suffisamment de riz pour payer la traversée. Arrivés de l'autre côté du fleuve, nous rencontrâmes un monsieur, il m'interpella, et me dit : « Ton visage ne m'est pas inconnu, ne serais-tu pas la fille de Kong Gnoc. Gnoc : c'était le surnom de mon père. Il avait été surnommé ainsi par Ta Nam, le père de Ben (qui vit aux États-Unis maintenant).

« Comment m'avez-vous reconnue ? »

« Tu ne me reconnais pas ? »

Je le regardais alors avec plus d'attention, et là je remarquais une cicatrice à l'œil, et effectivement cela ne m'était pas inconnu. Nous échangeâmes, et effectivement, après quelques souvenirs évoqués, je me suis souvenu de lui, on l'appelait Pou Nam.

Il me demanda de rester avec lui, et d'attendre demain pour passer la frontière, mais je refusais, car je préférais rester avec les gens qui m'accompagnaient depuis le début.

S'ils voulaient partir maintenant, je partais avec eux. Nous avions marché deux nuits et trois jours pour enfin passer la frontière et arriver en Thaïlande.

À ma grande surprise, mes enfants marchaient très bien, bien plus vite que les autres enfants bien portants et en bonne santé.

Les autres enfants qui n'étaient pas malades demandaient que leurs parents les prennent dans les bras, pas les miens.

Je portais juste ma fille Sokcheat d'un côté de la palanche, de l'autre je portais toutes les affaires nécessaires à nos repas.

On me disait qu'ils ne pourraient pas marcher, qu'ils étaient trop malades !

Je ne sus pas où ils avaient pu puiser cette énergie, peut-être le fait de retrouver leur maman ?

Le fait qu'ils aient pu manger à leur faim ?

Ils avançaient très vite sans rien demander à personne.

Comme les enfants de la dame qui partaient avec moi ne marchaient pas aussi vite, le restant du groupe était loin devant nous, nous n'étions que deux familles à faire route ensemble.

Sur le chemin, il y avait des informateurs qui nous donnaient la position des soldats vietnamiens, ainsi nous pouvions éviter les contrôles.

Arrivés au Camp Kok Khchoung, la veille, le village avait été bombardé par les soldats thaïlandais.

On nous disait qu'on ne pouvait pas passer par là, car il y avait des troupes ennemies.

Ça tirait de tous les côtés, c'était vraiment dangereux. Pour le moment, il ne fallait pas bouger, on ne pouvait pas avancer plus.

Alors, nous nous arrêtâmes là, nous avons ramassé et disposé des feuilles en guise de lit, et par-dessus nous avions installé la natte pour passer la nuit au milieu de la forêt.

J'avais calé la moustiquaire tout autour de nous, la faisant passer sous la natte pour m'assurer qu'aucun insecte ne puisse pénétrer pour nous piquer.

Nous avions deux couvertures, une pour les quatre premiers, et la deuxième pour Sokcheat et moi.

Les autres bougeaient beaucoup la nuit, et elle se retrouvait souvent sans couverture, alors, je la gardais collée à moi sous la couverture.

Elle était encore si petite !

Tous ceux qui étaient avec nous, et qui avaient pris de l'avance, étaient coincés là. Il y avait un point d'eau, nous avions pu nous installer pour savourer un bon repas avec du riz, des saucisses et tous avaient pu profiter d'une bonne nuit de sommeil pour reprendre des forces.

Sauf moi, je préférais rester éveillée pour m'assurer que rien ne puisse arriver à mes enfants (les animaux sauvages, les serpents ou pire encore les Khmers rouges !).

Le lendemain matin, les combats avaient cessé, le chemin était de nouveau libre de tout danger, et nous pouvions repartir, mais il fallait faire vite. Nous quittâmes le campement sur le champ.

Kok Khchoung était la ville frontalière entre le Cambodge et la Thaïlande, c'était un camp sauvage qui avait été créé par les Khmers rouges déguisés en armée libérale, c'était la raison pour laquelle les Thaïlandais avaient bombardé.

À cette période, le camp était en pleine ébullition, car c'était le passage obligé pour tous ceux qui souhaitaient se rendre en Thaïlande.

Pour beaucoup de réfugiés cambodgiens, cette ville était une échappatoire au régime khmer rouge.

La vie pouvait s'y réorganiser.

Ils pouvaient rester au pays tout en faisant du commerce avec les Thaïs, par conséquent, les gens commençaient à s'y installer, construire des refuges, des huttes, des cabanes.

Il y avait également une organisation humanitaire.

Néanmoins, la vie était rythmée par quelques combats sporadiques, car l'armée thaïe essayait de réduire quelques bastions de miliciens khmers rouges qui résistaient et sévissaient encore.

Je portais sur mes épaules la palanche avec d'un côté ma fille Sokcheat dans un seau, et l'autre seau rempli d'eau.

Sur ma tête, je portais le sac de riz et toute notre provision de nourriture.

J'étais de nouveau surchargée !

Mon fils Tharo portait sur sa tête le nécessaire pour dormir (moustiquaire, oreillers, natte et draps), Thareth portait la casserole de riz et de soupe également sur la tête. Quant à Sokha et Youthy, eux ne portaient rien.

Sokha était toute petite, mais suivait très bien, et c'était déjà un soulagement, Youthy avait toujours le ventre gonflé, mais ça allait mieux, il arrivait à bien suivre aussi.

D'autant plus que nous devions être très vigilants : nous ne devions poser nos pieds que sur des traces déjà existantes à cause des mines.

Sur le chemin, nous aperçûmes une hutte au loin, mes enfants me demandèrent si nous pouvions nous y arrêter un peu, car ils étaient très fatigués.

Je leur répondis que ce n'était pas une bonne idée ici, qu'il nous fallait avancer plus loin, car nous étions au milieu d'un échange de tir.

On entendait des détonations de tous côtés.

De plus, le soleil tapait fort et il n'était pas raisonnable de nous arrêter en pleine chaleur.

Mais ils insistèrent, me disant qu'ils étaient épuisés, et qu'ils ne pouvaient pas avancer plus.

Au loin, j'aperçus une hutte avec un tas de foin. À côté, des gens étaient allongés comme pour se reposer.

Je dis, donc, aux enfants de se rapprocher d'eux et nous ferions aussi une pause sans être isolés.

De plus, il y avait un peu d'ombres, ainsi nous pourrions profiter d'un peu de frais.

Nous nous dirigeâmes vers eux, nous étions à peu près à cinq mètres, quand un envol de mouches nous alerta, il y en avait tellement que cela faisait un énorme bruit.

Ce n'était pas deux personnes qui dormaient, mais des cadavres de soldats récemment abattus.

Il n'y avait pas que deux cadavres, il y en avait partout, des soldats, des civils, le camp avait été bombardé la veille par les soldats thaïlandais.

Nous avons fui aussi vite que possible. Cette fois, mes enfants ne me demandaient plus de s'arrêter faire une pause.

Peu de temps après, nous arrivâmes à un endroit plein de monde. Des visages d'Européens, je ne savais pas de quel pays ils pouvaient venir, et d'autres qui semblaient être des Japonais, ou de Coréens. Ils étaient très bien habillés, et semblaient donc, être des personnes importantes. Ils nous entouraient de toute part. Ils avaient d'énormes appareils de photo, de grosses caméras.

Ils nous mitraillaient, mais avec leurs appareils photo.

Nous étions complètement encerclés, ils étaient presque aussi oppressants que les soldats !

Ils nous demandaient de poser comme ceci, comme cela. Complètement hagards, avec nos vêtements troués grossièrement reprisés

Ne sachant pas qui ils étaient et habitués à obéir aveuglément à une autorité, quelle qu'elle soit, nous nous pliions à leurs demandes tout en continuant à avancer.

Et eux continuaient à nous harceler de flashs et de crépitements d'appareils photographiques.

Je n'ai jamais su dans quels pays ils avaient fait paraître ces films et ces photos ni à quoi cela a servi…

Nous étions tellement terrorisés par cette vision d'horreur que nous ne sentions plus la fatigue, nous n'osions pas nous arrêter pour nous reposer, nous avons continué à marcher.

Lorsque nous eûmes dépassé le camp de Kok Khchoung et que nous ne voyions plus les photographes, nous décidâmes de nous arrêter pour nous reposer un peu à côté d'un petit point d'eau.

J'en profitais pour reconstituer notre provision d'eau.

Elle était loin d'être claire, de couleur jaunâtre, mais nous n'avions pas le choix, il fallait boire, c'était impossible de nous en passer avec cette chaleur.

Nous reprîmes notre chemin tout en suivant les gens.

Sur le trajet, un monsieur quémandait une goutte d'eau à tous ceux qui passaient, mais personne ne lui en donnait.

Je les comprenais, car tous devaient penser la même chose, il était tout seul, il aurait pu anticiper et prévoir comme nous.

Chaque goutte d'eau, chaque grain de riz était important pour la survie de notre famille.

Moi, je m'apitoyais, mais si je lui en donnais il n'en resterait plus assez pour mes enfants.

Nous ne savions pas où nous pourrions encore trouver un point d'eau.

Mais, je n'arrivais pas à me persuader de lui refuser cette eau.

Je remplis un grand bol, tout en lui demandant de ne pas tout boire, car je devais en garder aussi pour mes enfants.

Il se saisit du bol précipitamment comme s'il avait peur que je change d'avis, et il le but jusqu'à la dernière goutte !

Il me remercia et me demanda si je souhaitais qu'il me soulageât un peu en portant la palanche.

Aussitôt, il saisit mon harnachement, le mit sur ses épaules et avança très vite.

Et moi, j'essayais de le suivre, mais il avançait trop vite, mes enfants derrière couraient presque sans pouvoir me rattraper !

Rester avec mes enfants derrière et le laisser partir avec la palanche, notre réserve d'eau, ma fille Sokcheat. J'étais complètement paniquée, je le rattrapais, je revenais en arrière, j'avançais, je reculais, j'avais peur qu'il me vole ma fille.

Je regrettais de lui avoir donné de l'eau, il partait avec ma fille et tout mon stock d'eau !

Je dis à mes enfants de bien continuer tout droit, de bien suivre les gens, et de ne quitter le rang sous aucun prétexte.

Je décidais de courir devant pour essayer de les rattraper.

Arrivée à une intersection, je le vis qui nous attendait avec ma fille et ma palanche.

Je lui demandais de ne pas bouger, de bien nous attendre.

Je repartais en arrière pour trouver mes quatre autres enfants, arrivée à leur niveau, je les vis main dans la main, ils avaient bien respecté mes instructions.

Ils marchaient avec peine, car ils étaient épuisés, mais ils avançaient sans se plaindre.

J'étais vraiment fière d'eux.

Quel courage !

L'homme me dit que je n'aurais pas dû avoir peur : « Vous vous êtes montrée tellement bienveillante et généreuse envers moi, vous m'avez sauvé la vie, comment aurais-je pu vous voler ou voler votre fille. Je voulais juste vous aider, vous soulager un peu. »

Néanmoins, une fois que j'eus retrouvé ma fille, je ne voulais plus qu'il porte de nouveau ma palanche, je préférais garder ma fille avec moi.

Après encore une bonne journée de marche, nous arrivâmes enfin à destination, dans le nouveau camp situé en Thaïlande, là où je venais faire mon commerce. Nous étions tous sauvés.

Mais les échanges y étaient de nouveau interdits !

Les soldats Thaïs tiraient, sans sommation, sur toute personne faisant du marché noir.

Et de nouveau, je perdis espoir, comment allions-nous pouvoir survivre si je ne pouvais pas faire de commerce, comment allais-je pouvoir nourrir mes enfants ?

Heureusement que la dernière fois, les affaires avaient été florissantes, il me restait environ sept mille bahts. On allait pouvoir tenir encore un peu.

De plus, dans ce nouveau camp, l'organisation les Kramar rouges (la croix rouge et l'Unicef) distribuait régulièrement de la nourriture aux réfugiés.

Trois mois s'étaient écoulés depuis notre arrivée, et là ils autorisèrent de nouveau le commerce.

En fait, c'était selon leur bon vouloir, un jour c'était autorisé, l'autre jour non, je pense que cette incertitude étant entretenue pour nous garder sous pression : la peur rend plus docile…

Donc, les Thaïs revenaient vendre leurs marchandises. Tant que c'était possible, j'en profitais.

Je laissais mes enfants dans notre abri de fortune, j'allais acheter en Thaïlande et je revendais aux Cambodgiens.

Le peu de bénéfices que je faisais me permettait d'acheter de la nourriture, des fruits pour pouvoir donner un peu de vitamines et de sucre à mes enfants.

Et de nouveau, les soldats thaïlandais sévissaient.

Comme je ne pouvais plus commercer là, nous repartîmes avec les enfants.

Sur notre chemin, par le plus grand des hasards, j'avais rencontré une de mes belles-sœurs, Bong Thorng.

J'étais contente et me sentais heureuse et rassurée à l'idée d'avoir un peu de ma famille avec de moi.

C'était réconfortant comme idée.

Nous étions dans la même misère, mais elle possédait plus de bijoux et d'or que moi, car leur famille était bien plus aisée.

Elle avait pu fuir avec tous ses bijoux.

Bong Thorng était l'épouse du deuxième frère de mon mari, elle avait cinq filles, qui avaient peut-être deux ou trois ans de plus que mes enfants.

Nous nous installâmes à côté de leur campement.

J'allais au centre d'aide pour demander des denrées alimentaires.

Ils donnaient des poissons séchés, du riz, de l'eau, quand tout à coup je vis Monsieur Hok Keam, un ami de longue date, proche de la famille de mon mari.

Je me sentais heureuse, car nous allions être trois familles à vivre ensemble et à s'entraider.

Je ne souhaitais pas leur quémander quoi que ce soit ni être un fardeau pour eux, c'était juste l'idée que nous n'étions plus seuls !

Si j'avais besoin de partir faire du commerce, je pourrais leur confier mes enfants en toute confiance.

Je reprenais espoir !

Nous passâmes enfin une longue et très bonne nuit, en toute sécurité.

Au petit matin, à mon grand étonnement, ma belle-sœur et ses filles étaient parties !

Hear Hok Keam me disait qu'elle était partie, car elle avait peur que je lui demande de l'aide.

J'étais vraiment déçue par son comportement, cet égoïsme, ce manque de solidarité et de bienveillance.

Je lui en ai voulu pendant très longtemps.

Ce n'est que plus tard, après son décès aux USA, que, à la demande de ses filles, nous avons pu renouer et nous retrouver sur place pour retisser des liens familiaux étroits.

De nouveau, nous nous sommes retrouvés seuls, car la femme de Monsieur Hourm et les enfants étaient partis également.

Je ne savais encore pas où aller, comment faire avec mes enfants, où nous installer, où aller, nous retournions à la case départ…

Je me sentais coincée de nouveau avec mes enfants. Comme dans ce nouveau camp je ne connaissais personne, nous sommes revenus au vieux camp, qu'on appelait Chom Rom Chas.

Nous avions traversé, à nouveau, Kok Khchoung.

Là, nous rencontrâmes Bong Houam, il travaillait pour l'Unicef, dans la distribution du riz. Il parlait français et anglais.

Monsieur Houam et mon mari étaient des amis de longue date, ils étaient à l'école ensemble.

Ils s'étaient juré que, quelles que soient les circonstances, celui qui serait encore là devrait prendre soin de la famille de l'autre.

Il se rappelait bien sa promesse, et me retenait en me disant, ne partez plus, restez ici avec nous, on veillera bien les uns sur les autres.

J'acceptais avec plaisir de nous arrêter là et ils nous aidèrent à construire un refuge à côté du leur.

Dans ce vieux camp, chaque nouvel arrivant avait droit à une ration de riz, environ quatre mesures de riz par famille.

Nous devions passer chacun notre tour, comme si nous n'étions pas de la même famille.

Comme nous étions de nouveaux arrivants, une fois c'était Tharo qui y allait, l'autre c'était Thareth, ensuite c'était Youthy.

Mais Youthy n'arrivait pas à porter les quatre mesures de riz, c'était trop lourd pour lui, il ne participait donc pas à la chaîne !

Puis, c'était Sokha, et à chaque fois, ils donnaient quatre mesures à chacun !

Sokcheat ne pouvait pas y aller, elle était encore trop petite.

Tous les jours, nous faisions la même opération, jusqu'à ce que je réussisse à stocker deux sacs de riz, notre réserve alimentaire était ainsi faite, pas très honnêtement, j'en conviens !

À cette période, les Thaïs avaient encore tout fermé, et avaient interdit le commerce.

On n'avait pas d'autres moyens de se nourrir que de passer par les organismes d'aide humanitaire.

Nous étions vraiment démunis, heureusement que Houam avait pu nous aider grâce à ce subterfuge.

Nous avions du riz, mais nous n'avions pas d'accompagnement.

Youthy avait suivi quelques gamins qui traînaient par là pour essayer d'aller voler des boîtes de conserves de poisson.

Il se déplaçait avec beaucoup de difficulté avec son gros ventre, qu'il traînait comme un fardeau, on ne voyait que cela !

Les adultes les avaient vus voler, les avaient poursuivis et attrapés.

Ils reprenaient les boîtes de conserve des autres enfants, mais à Youthy, on lui en donnait plus tellement il faisait peine à voir.

Ils lui avaient demandé où il vivait, et il leur avait indiqué notre refuge.

« Je n'ai plus de père, leur disait-il, il ne me reste que ma maman et nous sommes en tout cinq enfants. Je suis malade, et ma famille n'a plus rien à manger, c'est pour cela que je me suis décidé à suivre ces enfants pour venir voler de la nourriture. »

Ils l'avaient raccompagné jusqu'à notre refuge avec une dizaine de boîtes de conserve supplémentaires.

Là, encore une fois, je suis tombée malade, j'avais beaucoup de fièvre, je délirais complètement, je n'avais plus aucune force, je ne pouvais plus rien faire.

Dès que je fermais les yeux, je ne voyais que des cadavres, des hommes qui emmenaient d'autres hommes couper les feuilles de bananiers, des cannibales qui mangeaient le foie d'autres hommes.

Quand la fièvre était forte, je n'avais que ces visions d'horreur, je hurlais, et pinçais tout ce qui m'entourait.

Impossible de me lever, de sortir du lit.

Comme je ne pouvais plus m'occuper de mes enfants, ils s'étaient organisés, et s'occupaient de moi.

Ils mouillaient les serviettes et mes les posaient sur le front, le ventre, les jambes pour essayer de faire baisser la température.

Ils préparaient les repas, faisaient cuire du riz.

Petit à petit, la température baissa un peu, et je ne délirais plus.

À ce même moment, deux hommes étaient arrivés, ils venaient de mon village natal.

En fait, ils m'expliquaient que mes parents leur avaient promis un carat d'or pour nous retrouver.

Ils étaient là pour nous ramener au pays, afin de rejoindre mes parents et ma famille.

Ils me dirent que mes parents étaient très inquiets pour nous et qu'on leur manquait terriblement.

Nous devions absolument rentrer au pays.

Par contre, ils ne pouvaient pas nous attendre, nous devions partir sur le champ.

Le problème était que j'étais très malade, je ne pouvais bouger tellement j'étais épuisée.

Ils nous demandaient un carat d'or pour le retour au pays. Comment pouvais-je faire ? Je n'avais rien pour les payer.

Rebrousser chemin à pied sans aucune réserve de nourriture, dans notre état ?

Il y avait au moins pour quatre jours et trois nuits de marche.

Ce n'était pas possible, pour le moment, cela nous mènerait à une mort certaine, et puis maintenant que nous étions dans un lieu sûr, les remettre sur le chemin des mines, des tirs et des bombardements, le prix était trop élevé pour un hypothétique retour au pays auprès de mes parents, frères et sœurs.

Je leur demandais donc de transmettre un message à mes parents.

Déjà, les rassurer : nous étions en vie, et puis quand je serais remise, et que les Thaïs autoriseraient de nouveau les commerces, j'essaierais d'économiser un peu d'argent, et seulement à ce moment, malgré le danger, nous retournerions au pays les retrouver.

Hélas, j'avais du mal à me remettre sur pied, car tous les jours, j'essayais de trouver à manger pour mes enfants, mais à peine levée, je me recouchais et je délirais à nouveau.

Houam et sa femme tentaient de nous aider, me raisonnaient pour que je reste au lit, que je me repose, mais je continuais à essayer de bouger quand même. Mon état s'étant enfin un peu amélioré, je pus faire quelques pas, je suis allé au dispensaire pour consulter un médecin et peut-être obtenir des médicaments pour me soigner correctement.

Si je ne me soignais pas, mon état pouvait s'aggraver, et avec cet état d'épuisement physique et moral cela pourrait être fatal pour moi.

Les personnes qui travaillaient là ne s'occupaient que des gens qu'ils connaissaient.

Et comme je ne connaissais personne, ils ne me donnaient pas de médicaments.

J'attendais, mais ce n'était jamais mon tour !

J'étais tremblante de fièvre, mais ils faisaient comme si je n'étais pas là.

J'avais oublié qu'il y avait des Cambodgiens qui étaient vraiment méchants et qui, pourtant, travaillaient pour des organisations humanitaires.

Vers midi, ils arrêtaient la distribution, et fermaient la porte pour la pause déjeuner.

Je rentrais donc à mon refuge, et je dis à Bong Houam que j'avais attendu toute la matinée, et que personne n'avait voulu me donner de médicaments.

Ceux qui étaient là avant moi, on les avait servis, ceux qui étaient arrivés après moi aussi, mais moi, rien.

Et maintenant, ils avaient fermé, et ils ouvriraient peut-être de nouveau cet après-midi.

Bong Houam me dit qu'on allait tenter autre chose.

Il me fit un mot qui me faisait passer pour sa femme.

Comme il travaillait pour l'UNICEF aussi, j'aurais peut-être une chance d'obtenir des médicaments.

Dans l'après-midi, à l'ouverture du dispensaire, j'étais revenue avec la lettre de Bong Houam, et comme par enchantement, ils m'ont donné tous les médicaments nécessaires !

Enfin, je pus me soigner et me remettre petit à petit.

Kao I Dang, le plus grand camp de réfugiés politiques khmers

Les Kramars rouges, c'est le nom de l'organisation qui redistribuait les aides humanitaires, passaient en voiture et faisaient des annonces.

Ce jour-là, ils disaient qu'à toute personne ayant des problèmes de santé, les veuves avec enfants, ils offraient la possibilité de les transporter en voiture jusqu'au camp pour réfugiés politiques khmers en Thaïlande, ce camp portait le nom de Kao I Dang.

Toute personne malade ne pouvant pas bouger, se déplacer pour subvenir aux besoins de sa famille, pouvait bénéficier de ce service de transport et intégrer ce nouveau camp.

J'avais vraiment beaucoup de mal à me rétablir, je n'arrivais pas encore à bien m'alimenter, donc je n'arrivais pas à reprendre des forces, je m'inquiétais pour mon état et surtout pour mes enfants, car le stock de riz diminuait de jour en jour.

Je ne pouvais rien faire, alors quand j'ai entendu que nous avions la possibilité d'aller dans ce camp en voiture, j'étais vraiment soulagée que le destin me donne encore une fois un petit coup de pouce.

J'avais posé ma candidature pour prendre le départ avec eux, nous avons tous embarqué, et nous avions profité d'un moment d'inattention pour cacher Houam sous les jambes des enfants. Nous avions pu ainsi partir tous ensemble.

Normalement, il n'avait pas le droit de venir avec nous, car il était bien portant et il avait un travail.

Nous voilà partis, et en voiture pour le camp de Kao I Dang !

C'était un camp récemment monté pour accueillir les réfugiés politiques khmers ayant fui, à la fois, le régime khmer rouge et l'occupation vietnamienne.

C'était très grand, avec plusieurs sections.

Nous étions affectés à la cinquième section au pied de la montagne.

Au numéro cinq, c'était le nouveau quartier, mais il n'y avait rien de construit encore.

Pas d'abris, pas de refuges, rien, c'était encore désert. Nous étions les premiers habitants à être conduits là, nous étions 4 familles.

Ils nous avaient distribué des bâches anti-pluie, ensuite il avait fallu aller couper du bois pour faire nous-mêmes des huttes avec les bâches qu'on nous avait données.

Heureusement pour nous, Bong Houam avait une grande hache.

Nous avions ainsi pu monter des abris sommaires pour dormir.

Notre abri provisoire avait tenu dix jours.

Encore une fois, heureusement que nous avions Bang Houam avec nous pour nous aider pour la hutte et le tressage du bambou pour fabriquer un lit.

Petit à petit, la vie s'organisait.

On nous distribuait chaque semaine des rations alimentaires, de l'eau.

Il y avait un service médical pour soigner les enfants et les adultes malades.

Mes enfants souffraient tous de malnutrition, plus particulièrement Youthy avec son ventre gonflé, il était jaune, comme s'il avait la jaunisse.

Quand il marchait, on entendait comme des bruits d'eau dans son ventre.

Ils étaient tous pris en charge par le service médical.

Ils les nourrissaient avec ce qu'ils appelaient la soupe de riz « care » et des carrés de lait.

Ce n'était pas qu'une simple soupe de riz, il y avait également des compléments nutritifs.

Ils ont gardé Youthy en observation dans le dispensaire.

Au bout de cinq jours, il avait repris une couleur normale, son ventre était moins gonflé, il était en voie de guérison, il pouvait enfin revenir à la maison avec nous.

Dans le camp, il arrivait de plus en plus de monde.

Le quartier se transformait en un véritable village.

Ils avaient dû créer deux autres quartiers, le six et le sept. Qui dit habitants dit aussi la possibilité de faire du troc, comme nous avions pu faire une réserve de riz, j'avais pu vendre une partie contre de l'or.

Le riz et l'or étaient des valeurs sûres à cette époque !

Le marché noir s'organisait, et on pouvait vendre l'or aux Thaïs.

Puis, je rencontrais de nouveau mon autre belle-sœur, Mak Bun Hong, celle avec laquelle je faisais le commerce des poissons séchés à Battambang avant qu'elle parte rejoindre sa grande sœur à Bor Pailin. Ils étaient arrivés avant nous, elle connaissait bien la vie dans le camp.

Quelle chance !

Elle m'avait pris sous son aile, et m'apprenait à préparer ses spécialités : les choux et des crevettes saumurées.

Ils étaient imbattables en goût et elle savait particulièrement bien les préparer.

Moi, c'était pas du tout ma spécialité, je n'y connaissais en rien, je n'en avais jamais fait.

Mais à ce moment, ces produits valaient de l'or, comme le sel ou le sucre.

C'étaient des produits de longue conservation, avec la chaleur, et n'ayant pas d'endroit frais pour conserver les aliments, c'étaient des produits très prisés.

Pour accompagner et agrémenter les repas avec le riz, c'étaient vraiment les condiments parfaits.

Ils se vendaient très bien, les gens se les arrachaient.

Je travaillais avec elle, nous achetions en grande quantité, et nous vendions bien.

On faisait beaucoup de bénéfice, et nous commencions à amasser un peu d'argent.

Nous pouvions alors acheter des produits un peu plus haut de gamme, comme les crabes, que nous faisions aussi saumurer.

Par chance, les Thaïs autorisaient de nouveau les commerces avec leurs compatriotes, ils étaient autorisés à venir commercer avec nous sur le marché de Kao I dang.

On y trouvait de tout, des poissons frais, des poissons séchés, des fruits, des légumes à profusion, de la pâte de crevettes, de la sauce nuoc-mâm…

Vraiment, tout le nécessaire : l'abondance !

Je confiais les petits à Tharo, et j'allais faire du commerce seule.

J'achetais, je vendais, je faisais du bénéfice.

Je faisais aussi de la réserve pour mes enfants, et ce qui restait en argent, j'achetais, je revendais, et ainsi de suite.

Les affaires battaient son plein.

On vivait bien tant que le commerce avec les Thaïs était autorisé, on faisait vraiment de bonnes affaires. J'avais pu nourrir mes enfants, faire un peu de stock, et un peu d'économies aussi.

Je n'avais plus besoin de marcher loin avec ma palanche pour aller vendre ma marchandise, le marché s'était tellement agrandi qu'il passait devant chez moi.

Je pouvais y ouvrir un étal, et tout vendre sur place. C'était plus simple et moins fatigant, et surtout j'avais mes enfants à portée de main.

Mais cette fois je ne vendais pas que de la nourriture, j'élargissais mon éventail de produits.

J'avais du glutamate, du sel, du sucre, du parfum, des cigarettes, du baume du tigre, des vernis à ongles, des bijoux fantaisie, des médicaments.

Je vendais tout ce qui pouvait se vendre. Petit à petit, j'arrivais à faire un peu de bénéfice, et avoir un peu d'argent et d'or.

Dans le camp, on nous distribuait régulièrement de la nourriture : du riz, des poissons séchés, en conserves, nous disposions aussi d'un lopin de terre pour cultiver des légumes pour nos besoins personnels.

La vie s'organisait, et nous vivions assez sereinement. Nous n'avions pas de trop, mais nous ne manquions de rien.

Les Thaïs eurent le droit de venir vendre de la nourriture, des vêtements pendant toute une année, ensuite ils ne pourraient plus venir, le commerce ne serait autorisé uniquement qu'entre Cambodgiens.

Le camp était fermé et surveillé par les militaires thaïs, 24 h/24 et 7 jours sur sept.

Un jour, ils avaient annoncé que la vente de médicaments était interdite, car seules les officines spécialisées avaient les autorisations nécessaires.

Pour les lieux de vente à la sauvette, s'ils se faisaient attraper la peine pouvait être très lourde, de la prison à vie en Thaïlande.

Vous imaginez le risque !

Comme il m'en restait, je ne pouvais pas arrêter, je prenais le risque pour écouler mon stock. Et ce jour-là, on nous avait avertis que les soldats thaïs allaient faire une descente, et qu'ils fouilleraient tous les étals.

J'avais caché tout ce qui pouvait ressembler à de la médication sous des cailloux chez mon voisin, monsieur Vann Sy.

Les paquets de médicaments, je les avais enroulés dans des torchons dans un coin de mon étal, et dans mon panier à vendre, je n'avais que les produits de première nécessité pour la cuisine, glutamate, sel, sucre…

Quand ils passaient à mon niveau, j'étais derrière mon étal, et ma fille Sokcheat jouait dessous à creuser la terre. Quand ils avaient aperçu de la terre fraîchement creusée, ils me soupçonnaient d'y avoir caché des choses illicites, alors ils avaient fouillé.

Comme ils n'avaient rien trouvé d'anormal, ils avaient abandonné et continuèrent leur inspection.

Quand nos guetteurs nous informaient qu'ils étaient partis, je récupérais toutes mes marchandises et je les étalais de nouveau pour les vendre. Malencontreusement, les baumes du tigre n'avaient pas supporté la chaleur, ils avaient fondu.

J'avais juste pu vendre ce que j'avais pu sauver, récupérant ainsi ma mise sur ce produit, puis je me risquais à aller vendre les médicaments un peu plus loin.

Cette fois, les soldats Thaïs ne faisaient plus de ronde, mais il y avait les surveillants khmers dirigés par les ONG qui veillaient et contrôlaient tout ce que l'on vendait.

Ils n'étaient pas en tenue militaire, mais en tenue traditionnelle khmère, et ils se promenaient partout sur le marché.

Et évidemment, personne ne pouvait les repérer et nous prévenir.

Je n'osais pas en vendre beaucoup à la fois, juste deux ou trois paquets, car je savais que les soldats surveillaient de près et fouillaient les étals.

Et là, ils me prirent en flagrant délit de vente de médicaments, ils me sommèrent de les suivre avec tout mon panier.

Ils étaient devant moi, car ils continuaient leur inspection.

Je marchais tranquillement derrière eux.

Arrivés à un endroit où la foule était très dense, je fis semblant d'avoir beaucoup de mal à les suivre.

Comme ils ne faisaient plus attention à moi, alors je profitais de cette foule pour m'éclipser et aller me cacher.

Ensuite, ils me cherchèrent partout, fouillèrent toutes les maisons, et questionnèrent deux dames au nom de Ming CHIM et Yeay Rey.

« Ming, avez-vous vu passer une jeune femme avec des cheveux mi-longs, portant un panier rempli de marchandises et de médicament ? »

Toutes deux avaient répondu : « Oui, nous l'avons aperçue, elle est partie vers le quartier sept. »

Alors qu'en réalité, elles le savaient toutes les deux, j'étais cachée sous la couverture dans ma hutte.

J'étais terrorisée, j'étais toute transpirante, de peur qu'ils me retrouvent. Heureusement pour moi, ils les avaient crues, et étaient tous partis en direction du quartier sept pour essayer de me retrouver.

Une fois, les soldats partis, elles avaient éclaté de rire. C'étaient mes voisines, sur leur étal, elles vendaient de la soupe de riz, mais pas n'importe laquelle.

Une soupe de riz avec plein d'épices.

Elle était délicieuse, et elle se vendait très bien.

Elles venaient me prévenir que les soldats n'étaient plus là, je pouvais sortir de ma cachette, j'en profitais aussi pour changer de vêtements, j'entourais ma tête et cheveux à l'aide d'un Kramar de façon qu'ils ne puissent me reconnaître.

Et subrepticement, je retournais à mon étal.

Comme ils n'avaient pas mémorisé mon visage, j'étais sauvée, j'avais pu garder toute ma marchandise et mes médicaments.

Je continuais mon petit commerce tranquillement, sauf pour les médicaments, je le faisais plus discrètement.

Je ne cherchais plus à les vendre à tout prix, je fournissais seulement aux gens qui m'en demandaient, et uniquement des médicaments que je connaissais bien.

La vie était paisible, nous étions bien et heureux.

Nous ne souffrions plus de malnutrition ou d'insécurité, hormis le fait que de temps en temps, il pouvait y avoir une bombe perdue qui tombait dans le camp.

Cela faisait partie de notre quotidien, quand la sirène sonnait, il fallait aller se mettre à l'abri.

Un jour, nous avions eu très peur, car une bombe était tombée à proximité du terrain de foot dans lequel jouaient mes enfants.

De plus en plus, les Thaïs interdisaient le marché noir entre les réfugiés khmers et les Thaïs.

Nous n'avions pas le droit de sortir de notre camp, et les Thaïs ne pouvaient pas y entrer non plus.

Ceux qui ne respectaient pas prenaient le risque de se faire violenter, torturer, voire même tuer.

Un matin, mon fils Tharo avait disparu, je ne savais pas où il était.

Je ne l'avais pas vu de la matinée, et personne ne pouvait me dire où il était, et lui ne m'avait rien dit, j'étais très inquiète, alors je partais à sa recherche.

Je l'appelais partout où j'allais.

La femme de Pou Khoune (ils vivent aux états unis maintenant) m'informait que mon fils était parti tôt ce matin avec son mari afin de chercher du poulet pour faire du marché noir hors du camp, chez les Thaïs.

Mon sang n'avait fait qu'un tour, de nouveau je pleurais de frayeur à l'idée qu'ils puissent se faire attraper.

Comment mon fils avait-il osé faire ça sans rien me dire ? Et cet adulte, qui avait osé motiver mon fils pour l'accompagner sans demander mon autorisation.

Je tournais en rond comme un lion en cage, je n'arrivais à rien ce jour-là, je n'arrivais pas à avaler quoi que ce soit.

J'allumais des bougies, de l'encens, priant Bouddha de protéger mon enfant.

Je sollicitais tout le monde, feu son père, ses aïeux, je priais tout ce que je pouvais prier, le ciel, la terre, tout !

Et vers une heure de l'après-midi, je vois mon fils revenir avec sa palanche remplie de poulets des deux côtés.

Il marche difficilement tant la charge de sa palanche semble lourde.

J'étais soulagée de le voir revenir, mais je ne pouvais pas m'empêcher de me fâcher.

Je ne m'attendais pas à ce qu'il prenne autant de risques, d'autant plus qu'ils avaient à manger correctement tous les jours, je n'avais pas besoin et ne voulais pas qu'il fasse cela.

Il m'avait répondu : « Je suis désolé, maman, de t'avoir ainsi inquiétée, mais j'avais trop de peine de voir que tu te tues au travail tous les jours pour subvenir à nos besoins, je voulais t'aider, te soulager un peu. »

Je lui ai demandé de ne plus jamais recommencer : « Imagine si tu te fais prendre, et qu'ils te tuent, comment crois-tu que je réagirais ? Moi, qui vous ai portés jusqu'ici au péril de tout ! »

Je le sermonnai et lui expliquai les risques pour qu'il comprenne pourquoi il ne devait plus jamais recommencer.

Maintenant que les poulets étaient là, il fallait quand même s'en occuper.

Je n'avais jamais égorgé un poulet de ma vie.

Même quand mes parents me le demandaient parce qu'ils avaient envie d'en manger, je n'avais jamais accepté de le faire !

Et pourtant, Dieu sait que je faisais tout pour faire plaisir à mes parents.

Mais là… Je n'avais pas le choix, je ne voulais pas que mes enfants le fassent, donc à moi de m'y atteler.

Je les ai préparés, puis vendus, et effectivement nous avons fait de bons bénéfices, plus de cinquante pour cent.

J'avais réussi à empocher plus de sept mille bahts en argent et acheter 5 colliers et 5 pendentifs d'une valeur d'un carat et demi chacun, un pendentif de 1,2 carat et un bracelet de 0,5 carat.

Hiey Rey m'emprunta de l'argent pour le prêter à Om Vy.

Quand elle touchait les intérêts, on se les partageait.

Et ainsi de suite. On commençait à se connaître un peu plus avec ma voisine et sa famille, on se fréquentait, on s'aidait mutuellement, on s'appréciait beaucoup.

Elle avait beaucoup de sympathie pour moi, j'étais toute seule avec mes cinq enfants, mais je me débrouillais bien, ils ne manquaient de rien.

Je pouvais même, une fois par semaine, me permettre de leur payer une soupe de nouilles, combien d'enfants qui avaient leurs deux parents pouvaient prétendre avoir à manger à satiété à chaque repas, et combien pouvait manger de la soupe de nouilles, pas beaucoup.

Elle me trouvait très courageuse, elle avait de la peine pour moi, mais en même temps, elle était admirative de ce que j'étais capable de faire pour élever seule mes cinq enfants, elle me prenait aussi un peu sous son aile.

Par contre, au niveau des habits, c'était plus difficile.

Ils étaient cinq et les habits étaient très onéreux.

Quand je leur achetais des nouvelles tenues, tout le monde en prenait grand soin, même qu'ils n'osaient pas trop les porter (uniquement lors des grandes occasions), par peur de les abîmer.

Avec un peu de recul, je trouvais cela presque dommage, car finalement, comme ils grandissaient, ils n'en profitaient pas beaucoup.

Sauf Youthy qui ne prenait aucun soin de ses vêtements.

Quand il en avait des neufs, il les portait aussitôt, et les abîmait aussi vite.

Aucun vêtement ne lui résistait.

Je tricotais et vendais des petits hauts et des combinaisons pour les enfants en bas âge, j'en faisais beaucoup pour ma petite dernière, qui était fière de les porter.

Un jour, je fis venir un photographe, car je voulais une photo d'eux, pas pour moi, car c'était trop cher, juste pour mes enfants.

Et comme Youthy avait déjà abîmé et sali ses habits, il refusa de poser pour la photo.

Pas moyen de lui faire changer d'avis.

Du coup, pas de photo de lui à cet âge.

C'est la seule photo d'eux que je conserve précieusement jusqu'à aujourd'hui.

Les vêtements de Tharo, c'est moi qui les avais faits.

Quand les Thaïs avaient interdit tout commerce avec leurs compatriotes, les affaires étaient moins florissantes, alors j'ai arrêté le commerce.

L'organisation humanitaire proposait des formations diplômantes avec possibilité de donner des cours par la suite, comme j'avais pris des cours de couture autrefois, je m'étais inscrite pour passer mon certificat, que j'avais obtenu.

J'enseignais dans cet atelier, j'avais une quinzaine d'élèves.

En même temps, j'en profitais pour confectionner des vêtements pour mes enfants et pour moi-même.

Je pris également des cours d'anglais.

J'en connaissais quelques mots, je ne savais pas vraiment parler, mais je pouvais écrire.

Avec le peu d'argent que j'avais, je pouvais payer des cours de français et d'anglais à mon aîné Tharo.

Je n'avais pas les moyens de les payer à tous mes enfants, j'avais choisi mon aîné, comme ça si besoin, il pourrait nous aider.

Rentré à la maison, il apprenait ce qu'il savait à ses frères et sœurs.

J'avais droit à trois cents bahts par mois, mais ils ne me payaient pas en argent, j'avais quatre cuisses de poulet, quatre paquets de nouilles, trois boîtes de conserves de poisson.

J'étais vraiment contente d'avoir ce travail, car ce salaire représentait une quantité suffisante de nourriture chaque semaine pour nous six.

Grâce aux aides hebdomadaires fournies par l'ONU, nous avions suffisamment à manger, plus de manque ni de carence alimentaire.

Quand j'étais au travail, mes enfants préparaient les repas.

Pour l'eau, c'était Tharo qui se chargeait d'aller la chercher pour nos besoins.

Il devait le faire tout seul, le pauvre, car c'était le plus grand.

Chaque jour arrivaient des camions-citernes d'eau, et chaque foyer pouvait venir se servir.

Tharo était le plus vieux des cinq, mais il n'était pas bien grand.

Quand je le voyais faire, j'avais de la peine pour lui, il portait les seaux de chaque côté de la palanque, les seaux frottaient par terre, avant d'arriver à la maison, il en avait renversé déjà la moitié.
Il faisait quatre à cinq allers-retours par jour.

Cela me fendait le cœur, j'aurais aimé qu'il n'ait pas à le faire.

Chaque foyer avait droit à deux palanques, voire un peu plus si nécessaire.

Seulement, la personne en charge de la distribution d'eau n'était pas honnête.

Une fois la distribution terminée, le surplus, il ne le donnait pas, il le gardait pour sa famille.

Dès qu'il pouvait tricher, il le faisait. Ce jour-là, mon fils faisait la queue comme d'habitude, mais il refusa de lui en donner, car c'était un enfant. Mon fils est venu me le dire, donc, j'y suis allée moi-même.

Sur place, j'avais vu qu'il y avait encore plein d'eau, mais il souhaitait garder le surplus pour lui.

Je mettais mon seau dedans pour me servir moi-même, il m'en empêcha.

Je pris la palanche et je la lui enfonçais dans le ventre, et là, enfin il me laissa faire, contraint et forcé !

L'affaire fut close pour ce jour-là.

Au début des années quatre-vingt, les pays occidentaux proposaient d'accueillir les réfugiés politiques khmers. Alors, je voulus tenter ma chance et je fis une lettre de demande d'accueil aux pays, que j'écrivais en cambodgien.

Je demandais ensuite à la personne de l'organisation de traduire ma lettre en fonction du pays de destination.

Ensuite, toutes les demandes d'asiles des réfugiés politiques, Tharo les avait faites et envoyées dans tous les pays qui proposaient l'accueil des réfugiés.

Il y avait l'Australie, les États-Unis, le Canada, des pays dont je ne connaissais même pas l'existence jusque-là.

Mais je n'avais reçu aucune réponse.

En fait, nous n'avions pas compris le fonctionnement. J'avais reçu des réponses, mais il fallait aller voir sur un tableau d'affichage dont nous ne connaissions pas l'existence.

La première était pour aller en Italie, mais comme nous n'étions pas au courant, alors une autre famille avait pris notre place.

Une seconde fois, nous aurions pu partir aux USA, nous l'avions su une semaine avant le départ, là encore, c'était trop tard, car une autre famille s'était inscrite à notre place.

Par ailleurs, je les connais bien, car nous étions voisins, et leur fils jouait souvent avec Thareth.

Et ce jour-là, son fils s'était fait mal, il avait cru que c'était Thareth qui l'avait frappé et lui avait donné une forte correction, j'étais allée le voir, je lui avais tapé dessus et j'ai porté plainte contre lui.

D'autant plus que son fils confirmait bien que Thareth ne l'avait pas touché, et qu'il s'était fait mal tout seul.

La police me dit qu'avec cette plainte, la famille ne pouvait pas partir aux USA comme prévu.

Et, égoïstement, j'en étais satisfaite.

Toute la journée, lui et sa femme étaient venus me supplier pour que je retire ma plainte.

Ils me demandaient pardon, ils demandaient pardon à mon fils, ils étaient aux abois.

J'étais tellement en colère qu'il était hors de question que je la retire.

Le lendemain matin, ma colère passée, j'allai retirer ma plainte.

Ils étaient venus me remercier, et s'excusaient encore pour ce manque de respect envers moi et mes enfants. Les gens croient que parce que vous êtes veuve avec cinq enfants, vous vous laissez faire.

Ils ne me connaissaient pas !

Et depuis, forcément, mes enfants allaient surveiller ce tableau d'affichage de façon assidue !

Ma voisine, qui m'avait sauvé de la police, Hiey Rey, put partir en France, grâce au frère de sa belle-fille, qui y vivait et il pouvait faire une demande de rapprochement familial.

Arrivés à Chonburi, elle m'avait envoyé une lettre.

Elle m'expliquait que la France organisait un accueil politique pour les réfugiés politiques khmers, et ils acceptaient en priorité les rapprochements familiaux.

Elle me demanda d'aller voir un monsieur dont j'ai oublié le nom, c'était un Cambodgien qui vivait et travaillait en Thaïlande, c'était lui qui s'occupait de ce type de dossier.

J'y étais allée, et il avait accepté de falsifier mon nom sans aucune difficulté.

J'étais désormais Chhoeung Vanna, déclarée comme sa sœur. Car elle, elle s'appelait Chhoeung sokhon.

Quelques jours après, nous avions notre nom au départ pour la France !

Le voyage pour la France, notre terre d'accueil

Nous avons rejoint la famille de Yay Rey à Chonburi.

Arrivée là, les vendeurs ambulants étaient partout, des fruits de toutes sortes, de la nourriture à profusion.

Rien qu'en les regardant, nous étions heureux.

Nous laissant aller à toutes nos envies, j'avais vendu la quasi-totalité de mon or pour nous gâter en nourriture, nous faire plaisir.

Nous étions restés un mois, et pendant un mois, tous les matins, nous allions sur le marché, et j'achetais tout ce qui faisait plaisir à mes enfants, tout ce qu'ils avaient envie de manger. Je dépensais sans compter !

Yay Rey était très fâchée contre moi, elle me disait : « Tu dilapides tout, qu'est ce qui va te rester pour démarrer dans cet autre pays ? Si tu pouvais faire du commerce, avec quoi tu pourrais commencer s'il ne te reste rien ? »

Elle avait raison, mais il y avait tellement de bonnes choses, à profusion, nous avions tellement manqué de tout que peut-être que me sentant enfin en sécurité, je n'arrivais plus à réfléchir.

Je me détendais complètement.

Après ses remontrances, comme j'étais consciente qu'elle avait raison, j'avais arrêté de vendre mes bijoux.

J'avais réussi à conserver deux colliers et trois bracelets.

Nous avions ralenti notre frénésie de nourriture.

Il faut dire qu'en un mois, nous avions dépensé sept mille bahts et deux carats et demi d'or, c'était trop.

De Chonburi, nous partîmes pour Transsit, toujours en Thaïlande.

Nous sommes restés deux semaines, nourris par les Thaïs.

Leur cuisine est très sucrée, immangeable. Heureusement, Yay Rey était pleine d'imagination.

On récupérait nos rations alimentaires, elle allait acheter des légumes et elle retransformait le tout en une nourriture agréable et plus adaptée à notre goût.

Quinze jours après, nous voilà partis sur Lomphiny, là c'était une vraie prison d'ailleurs, c'était une ancienne prison !

Le lieu était insalubre, la nourriture immangeable dans la soupe qu'on nous distribuait, les légumes avaient encore leurs racines, il y avait des vers et de la terre.

Encore une fois, heureusement que Yay Rey était pleine de ressources, elle recuisinait le tout et c'était délicieux.

Quand nous étions sur Kao I Dang, Om Vy devait de l'argent à Yay Rey, comme cette dernière était arrivée en France avant nous, elle lui avait envoyé un peu d'argent, cinq cents bahts.

Elle avait pu acheter des aliments pour nourrir nos deux familles.

De la Thaïlande, nous devions prendre un avion pour Singapour, et de Singapour nous devions prendre un bateau pour aller sur un l'île Galand en Indonésie.

Avant de partir de la Thaïlande, j'avais beaucoup hésité à continuer ma route vers la France !

Car on nous racontait que les trajets en bateau étaient très dangereux.

Il y avait d'énormes tempêtes, des vagues gigantesques pouvant renverser les bateaux, des poissons monstrueux qui pouvaient avaler des bateaux entiers avec leurs passagers.

J'en étais effrayée, moi qui pensais être enfin en sécurité, j'avais fait tout ce chemin pour sauver et préserver mes enfants, là au contraire j'allais les conduire à une mort certaine.

Je parlais de mes angoisses à Yay Rey.

Cette dernière me disait : « Tu es folle, ces gens te racontent tout cela pour te faire peur, t'empêcher de partir, comme ça ils pourront prendre ta place ! »

J'avais un peu honte d'être aussi naïve, encore une fois, elle m'avait sauvée.

Et nous voilà partis !

Nous prîmes l'avion de la Thaïlande à Singapour, puis nous partîmes pour l'île de Galand.

Nous y sommes restés environ sept mois.

La vie y était très douce, nous avions une maison confortable, la nourriture était distribuée très correctement, je pouvais aussi payer l'école à mon fils aîné, il pouvait bénéficier aussi des cours gratuits de français.

Toujours pour le même car je ne pouvais pas payer pour deux enfants, il ne me restait pas beaucoup d'argent.

Si au moins un de nous était instruit, il pourrait nous aider au moment venu.

Enfin, c'était comme ça que je voyais les choses.

Quand la nourriture se faisait plus rare, j'utilisais la recette de mon mari, avec un œuf et plein de légumes, je pouvais nourrir toute la famille pour un repas.

Vann Sy voyait que ce n'était pas facile tous les jours, mais il ne pouvait pas nous aider plus.

Il était très doué pour faire du potager, il plantait des légumes, plus particulièrement des liserons d'eau qu'il vendait.

Déjà au Kao I dang, c'était sa spécialité. Tout ce qu'il plantait poussait facilement et en quantité.

Mes enfants l'aidaient dans ces plantations, à transporter de la terre, à l'arrosage, enfin ils participaient comme ils le pouvaient.

L'argent qu'ils gagnaient servait à nourrir tout le monde.

Et de temps en temps, ils achetaient du poulet que nous pouvions déguster ensemble.

Ils pensaient tout le temps à nous, nous aidaient. Je leur dois beaucoup.

Mes enfants étaient heureux, ils allaient se baigner à la plage tous les jours.

Les plages étaient féeriques, comme sur les cartes postales.

Et tous les mardis soir, il y avait cinéma de plein air.

Ils projetaient des films indiens, des films chinois, des films américains, notamment Superman.

Ma fille, Sokha, était heureuse, elle me disait qu'on allait habiter dans un pays où les hommes savaient voler comme Superman. Il lui tardait d'arriver dans ce pays.

De nouveau, je tombe malade, je suis aussi mal en point que lorsque j'étais dans le vieux camp.

Beaucoup de fièvre, de diarrhée, je vomissais sans cesse, je délirais complètement.

Ce soir-là, mes enfants étaient déjà partis au cinéma, comme tous les mardis soir.

Ils ne se rendaient pas compte que j'étais vraiment malade.

Pour eux, les mardis, dès cinq heures de l'après-midi, ils allaient installer la natte pour réserver le meilleur emplacement possible et suivre leurs films préférés.

Ils étaient fascinés par le cinéma.

Il n'y avait que ça qui occupait leurs pensées.

Ce soir-là, Vann Sy était venu me voir, il m'avait trouvée presque sans vie, plus aucune force, j'étais glacée, je ne pouvais plus bouger tellement j'étais vidée par les vomissements et les diarrhées.

Il me porta à bout de bras et courut, accompagné de Yay Rey, le plus vite possible au dispensaire indonésien. Par chance, Yay Rey parlait vietnamien, et sur ces îles Galand, les Indonésiens parlaient très bien la langue vietnamienne.

Elle leur avait expliqué ma situation, et par chance ils avaient accepté de me soigner, gratuitement !

C'était juste, encore une fois !

Ils me gardèrent deux nuits, et dès que j'ai été remise, je rentrais à la maison.

La vie continuait son cours, et un jour qu'on se promenait au marché, j'ai rencontré ma belle-sœur, Mak bun Hong, en partance pour les USA.

Sur les étals des marchés indonésiens, il y avait des fruits à profusion, mais il y en avait une sorte que nous ne connaissions pas jusqu'à présent, c'était la pomme.

Elles étaient si belles, si rondes, si rouges. Elles dégageaient une odeur…

Dès qu'on passait à côté, leur odeur nous chatouillait les narines.

On en avait l'eau à la bouche, tellement elles nous donnaient envie d'en manger, mais évidemment, ce n'était pas possible, elles faisaient partie des fruits les plus chers.

Alors, vous comprenez bien que dès qu'on était arrivé en France, et qu'on voyait des pommes, on se jetait dessus. Mais elles n'avaient pas la même odeur.

Ma mère avait indiqué à mes cousins notre habitation, nous avons pu profiter d'eux deux ou trois mois avant de nous séparer définitivement, chacun dans son pays d'accueil.

C'était des moments merveilleux, les enfants avaient pu profiter de leurs trois cousins.

Après quasiment un an de vie relativement paisible, il était temps pour nous de partir pour notre pays d'accueil, la France.

Pour ce faire, nous prenons d'abord le bateau jusqu'à Singapour, et nous partons en France par avion, la compagnie UTA.

Sur le bateau, la météo était épouvantable, il y avait une tempête, et les vagues étaient énormes, à tout moment, on avait le sentiment que le bateau allait chavirer.

Là, nous nous sommes remémoré les histoires sur les tempêtes, les vagues, les poissons monstrueux.

L'équipage, essentiellement des Chinois, faisait une offrande au dieu de la mer leur demandant protection.

Dans l'offrande, il y avait des fruits, du riz, des encens, et surtout une tête de cochon.

Chez nous quand on mettait une tête de cochon en offrande, cela voulait dire que la demande de protection était très importante !

On avait encore plus peur.

Il a fallu aider les équipages à vider l'eau du bateau, mes enfants se blottissaient contre moi, je les serrais très très fort dans mes bras, nous étions terrorisés. Arrivés sains et saufs à Singapour, j'avais eu tellement peur que j'en tombais… dans les pommes ! Quelle bonne odeur !

Simone, la femme de Vann Sy, s'était occupée de moi, et m'aidait à retrouver mes esprits.

Elle m'avait fait des frottements sur la peau à l'aide d'une pièce de monnaie et du baume du tigre.

On se soignait beaucoup comme ça au Cambodge. On frottait la pièce sur la peau avec du baume du tigre, jusqu'à ce qu'elle devienne toute rouge, cela refaisait circuler le sang et l'énergie.

Beaucoup de maladies se soignaient de cette façon-là.

Elle en avait fait partout sur mon dos, mon torse, j'étais toute rouge !

Et ça avait marché, j'allais nettement mieux après ça. Nous sommes restés à Singapour deux ou trois semaines. Là, nous étions logés dans des baraquements de fortune. Il était inutile de dire que nous étions habillés comme on pouvait, et dans le pays où on allait, nous avions entendu dire qu'il y faisait très froid.

Nous n'avions même pas de chaussures aux pieds, alors les affaires pour le froid encore moins.

Par chance, nous étions logés à proximité d'une décharge, et tous les jours, il y avait des vêtements et des chaussures quasiment neufs que les gens jetaient.

Sur l'île de Galand, on nous avait distribué un pull chacun pour la France, comme j'avais besoin d'argent, j'avais vendu le mien, je n'avais gardé que ceux de mes enfants.

La France, notre pays d'accueil

Après trois semaines, nous arrivons à l'aéroport en partance enfin pour notre pays : la France.

Nous sommes tous excités et heureux de partir enfin.

Quant à moi, imaginez-vous, nous sommes arrivés en France le 18 janvier 1983 (à Paris, Créteil), une année où il y avait beaucoup de neige, et j'avais vendu mon pull ! Je n'avais plus aucun vêtement chaud…

À la sortie de l'avion, il fait un froid de canard, je suis en manches courtes, je suis congelée, les hôtesses ont pitié de moi, elles me donnent une couverture à mettre sur mon dos.

Nous étions dehors en train d'attendre le car, il y avait une petite fille européenne, elle était mignonne, elle s'approcha de mes petits, et elle a partagé ses yaourts en leur donnant la becquée.

Elle avait partagé au moins quatre pots.

Ce qui était drôle, c'était que sa maman l'avait laissée faire, et mes enfants avaient adoré forcément, car ils avaient faim !

Le car nous emporta dans un foyer à Créteil. Nous nous sommes tous endormis, bercés par le ronron du moteur.

Quand il s'arrête à notre destination, à notre grande surprise, dehors, tout est blanc.

Il y avait beaucoup de neige, il devait être six heures du soir et il faisait déjà nuit, les rues étaient éclairées par des lampadaires.

Nos yeux se sont ouverts sur ce paysage étrange, plein d'immeubles et de rues immaculées.

Il n'y avait pas un chat dehors, on ne voyait que des trucs bizarres éclairés avec des objets multicolores dedans.

Nous avons su plus tard qu'il s'agissait de distributeurs de jouets et de bonbons, mais cela semblait vraiment étrange.

Nous avions très froid forcément, nous ne savions pas exactement où nous étions arrivés. Peut-être sommes-nous arrivés sur une autre planète. Nous n'avions jamais vu ça de notre vie.

Une chose était sûre, nous nous sentions en sécurité, sauvés de la misère, enfin !

Nous étions logés au foyer, et tous les jours à la cantine, on avait du mal à apprécier la nourriture française : pas assez de riz ni de condiments !

Tous les jours, nous volions du sucre à la cantine, nous avions peur d'être de nouveau en manque, donc nous faisions du stock de sucre et de sel, on ne sait jamais si nous étions de nouveau amenés à troquer !

Yay Rey avait réussi à vendre ses kramars pour cent francs à l'époque, et du coup nous allions à la supérette à côté, et avions acheté des œufs.

Nous ne mangions que des œufs et du riz. Nous avions beaucoup de difficultés à nous adapter.

Nous sommes restés un mois à Créteil, et ensuite, en fonction des places disponibles dans les foyers d'accueil, on nous y envoyait.

C'est ainsi que nous sommes arrivés à Limoges, au foyer Gatrem Magré, le 23 février 1983, nous avons été placés dans des dortoirs par famille.

Une fois installés, une question me trottait dans la tête, comment allions-nous vivre ?

Le lendemain matin, Monsieur Langrand, le directeur du foyer, nous avait convoqués dans son bureau et nous avait donné cent cinquante francs par personne, soit neuf cents francs en tout.

Dès que je fus sortie de son bureau, je me précipitais dans les escaliers, le cœur rempli d'espoir, je retrouvais mes enfants, je les serrais dans mes bras, je sautais de joie, je leur disais : « Ça y est mes amours, nous sommes enfin hors de danger, nous sommes tous sauvés, plus jamais nous ne serions en guerre, en fuite, dans la misère, ce pays allait enfin nous aider à devenir quelqu'un ! »

Au bout d'un an, on nous avait trouvé un appartement, à la cité Léon Delhoume à Limoges.

Nous avions bénéficié d'une allocation pour vivre, et mes enfants étaient scolarisés, enfin.

Quand mes enfants étaient tous à l'école, et que je me retrouvais seule, je me mis à me remémorer tout ce que nous avions vécu, vu, subi, et je pleurais, je pleurais tellement, tous les jours que j'en faisais des crises de tétanie.

On me transporta au CHU, mais ils ne trouvaient pas la cause de mon mal, je faisais des crises de plus en plus fortes, à me crisper tous les membres, à me mordre la langue.

Ils m'ont crue folle, alors ils m'ont mise à l'hôpital psychiatrique de l'Esquirol.

Ils me mirent sous traitement pour essayer de me calmer.

Petit à petit, je me remis, et mes crises diminuèrent.

Ils m'autorisèrent à rentrer chez moi.

Une fois mes enfants retrouvés, je me raisonnais, j'avais vécu des événements bien plus terribles, je me devais d'être forte pour eux.

Je m'occupais bien d'eux, je faisais de la couture à domicile pour améliorer un peu notre niveau de vie, et je demandais à mes enfants de surtout bien travailler à l'école.

Je ne ferai pas comme mes parents, je n'empêcherai pas mes enfants à l'accès à la culture, ce qui a causé en partie la perte de notre pays.

Mes enfants, je voulais qu'ils aillent à l'école, qu'ils soient cultivés, qu'ils aient un métier, qu'ils puissent choisir leur vie.

C'est ce qu'ils ont tous fait, je suis vraiment fière d'eux, et je remercie mon pays d'adoption, la France, qui nous a donné un Avenir.

Lettre de Sokha à son père : papa, où es-tu ?

Bonjour papa,

Je ne sais pas où tu es, ce que tu es devenu, si tu es encore quelque part ou si, comme la rumeur disait, tu es déjà parti au ciel depuis la guerre.

Ce livre est pour toi, pour maman aussi, bien sûr, pour sauvegarder son histoire, notre histoire, pour nous, pour les enfants, afin que ce qui est arrivé à notre pays, à notre famille, ne tombe jamais dans l'oubli.

À toi, car, quel que soit l'endroit où tu te trouves, je voudrais te dire que nous ne t'avons jamais oublié, que nous pensons tous les jours à toi, nous t'aimons très fort, et surtout je souhaite que tu saches où maman a réussi à nous amener, car non seulement elle a tenu son engagement, elle a réussi à tous nous sauver, mais elle a aussi réussi à nous emmener très loin, de la guerre, de la misère… mais loin aussi de nos racines.

Elle a réussi à nous emmener en France, septième puissance mondiale, un joli pays, riche et prospère, dans lequel il est très agréable de vivre.

Elle a réussi à nous donner une vie, une belle vie, un avenir, et surtout, je voudrais te rassurer, que tu puisses voir ce que nous sommes tous devenus, que tu puisses être fier de nous tous, et surtout de maman, notre maman, notre héroïne, et ton épouse qui t'est restée fidèle et qui t'a aimé toute sa vie.

Tu as été et tu resteras son seul amour. En même temps, c'est difficile pour elle, car n'ayant jamais su véritablement ce que tu es devenu, n'ayant jamais vu ton corps, elle n'a jamais pu faire le deuil, de votre couple, de votre amour.

J'ai pu reprendre l'écriture de notre Histoire, car nous sommes en confinement. Aujourd'hui, nous en sommes au vingt-huitième jour…

Je ne sais pas si tu es au courant, mais le monde est touché par la pandémie du coronavirus, nom scientifique, Covid-19, un virus qui mesure entre 200 et 400 nanomètres, et qui décime des populations entières.

C'est vraiment bizarre, nous sommes partagés. Nous éprouvons un sentiment de quiétude, car nous sommes dans un pays qui nous protège, l'État et le patronat continuent à nous payer pour rester à la maison, en contrepartie, nous devons rester cloîtrés, nous n'avons le droit de sortir qu'une heure par jour pour nous dégourdir les jambes, pour aller faire les courses (de première nécessité) ou pour aller au travail s'il n'y a pas de possibilité de télétravail.

Mais également un sentiment d'inquiétude, d'angoisse, car depuis vingt-huit jours, nous sommes plongés dans une ambiance de fin du monde, les rues sont quasiment désertes, nous nous méfions de tout le monde, nous ne nous approchons pas de moins d'un mètre des autres personnes, quand ils s'approchent, nous nous écartons, pas d'échange mis à part un « bonjour, » plus de convivialité, nous ne voyons plus notre famille, nos amis, nous faisons des apéros par internet…

Qui l'eût cru ? C'est étrange, tu ne trouves pas ?

Néanmoins, dans cette ambiance, nous constatons que la nature respire de nouveau, les animaux viennent jusqu'en centre-ville, ils vont sur les plages désertées par l'homme.

La nature reprend ses droits

Nous, eh bien, nous avons enfin du temps, du temps pour nous occuper de notre maison, de nous, de nos enfants, de nos conjoints, du temps pour imaginer, créer, et du coup pour moi du temps pour écrire, pour t'écrire !

Peut-être que je ne pourrai pas en faire un livre, mais tu sais, j'ai enregistré le témoignage de maman sur la vie pendant la période Khmer rouge, notre vie, notre fuite, et notre arrivée d'abord en Thaïlande et ensuite notre départ pour ce troisième continent qui est l'Europe, et plus exactement la France, le pays qui nous a accueillis, qui nous a donné une seconde chance, qui nous a permis d'aller à l'école, de nous instruire, de nous donner un travail, qui nous a fondu dans son creuset culturel, qui nous a permis de grandir en toute sécurité, de fonder une famille, qui nous a permis de devenir qui nous sommes aujourd'hui… Je me sens très fière de ce que nous sommes devenus, de ma famille : mon fils, mes frères et sœurs, de mes nièces et neveux, et surtout de ma maman, et j'espère que toi aussi, tu es fier de nous.

Sais-tu qu'aujourd'hui maman continue à lutter pour notre pays ?

Comme tu le sais, peut-être Hun sen, un ancien Khmer rouge, détient le pouvoir depuis un certain temps, et il n'est pas près de le quitter. Il a instauré une « dictature démocratique ! »

Nous sommes sortis d'une dictature communiste pour entrer dans une autre, plus feutrée...

Plus de génocide, mais il ne fait rien pour la population.

Il amasse tout l'argent pour lui, spolie le pays entier, il vend des contrats, des terres qui ne lui appartiennent pas aux Vietnamiens et aux Chinois, à son profit. Il a des trafics d'armes, de drogues... Ils font du blanchiment d'argent au nez et à la barbe de tout le monde, personne ne dit rien. Tout le monde laisse faire, les uns subissent et d'autres profitent du système.

Une faction de gens, dans le pays et ailleurs, tente de former des oppositions et se bat pour dénoncer ces agissements scandaleux.

Maman en fait partie.

Le gouvernement actuel assassine, élimine ou emprisonne tout opposant potentiel.

Dieu merci, heureusement qu'en France maman est à l'abri.

Néanmoins, si tu pouvais la voir se battre, tu serais fier d'elle.

Elle est une vraie tigresse, elle fait des directs sur Facebook pour dénoncer les agissements frauduleux des membres qui forment le gouvernement actuel, elle vient en aide financièrement, avec ses faibles moyens (600 € de retraite) à des personnes en difficulté, mais elle se donne beaucoup.

C'est le pot de terre contre le pot de fer, mais elle en a besoin.

Elle me dit : « C'est la seule façon de venger les miens qui ont été éliminés par ces monstres. En me battant, j'ai le sentiment de pouvoir venger, laver l'honneur de ton père, de mon mari, de mes parents, de mes beaux-parents, toute la famille de ton père qu'ils ont éliminé, car leur seule faute étant de parler avec un accent vietnamien ou par ce qu'ils étaient cultivés. »

Je la comprends tellement, je comprends aujourd'hui qu'elle ne ressent plus le poids de nous porter tous.

Aujourd'hui, elle veut se consacrer à elle, à sa vie, à son combat.

J'aimerais la soutenir davantage, alors j'espère que ce livre pourra paraître.

Imprimé en Allemagne
Achevé d'imprimer en novembre 2022
Dépôt légal : novembre 2022

Pour

Le Lys Bleu Éditions
40, rue du Louvre
75001 Paris

www.ingramcontent.com/pod-product-compliance
Lightning Source LLC
LaVergne TN
LVHW010557160826
845677LV00013B/3159